ANALYSEN UND REFLEXIONEN
Band 82

Hans Gehrke

Thomas Mann

Mario und der Zauberer

Hilfen zum Lesen und Verstehen
Hinweise für den Unterricht

Joachim Beyer Verlag – 96142 Hollfeld

ISBN 3-88805-159-2

Druck: Druckhaus Beyer GmbH, Langgasse 25, Hollfeld

INHALT

VORBEMERKUNG ... 5

1. THOMAS MANN: LEBENSDATEN ... 7

2. ANMERKUNGEN ZUM NOVELLENSCHAFFEN THOMAS MANNS ... 12

3. MARIO UND DER ZAUBERER (1929) ... 24
3.1 Zur Entstehung der Novelle und frühe Stimmen der Kritik ... 24
3.2 Daten zur Werkgeschichte ... 30
3.3 Zur Handlungsstruktur ... 31
3.4 Symbolhafte Überhöhung des Privaten ... 35
3.5 Der Gaukler Cipolla ... 45
3.6 Erzählweise des Seismografischen ... 54

4. DIE NOVELLE IM UNTERRICHT ... 63

5. LITERATURHINWEISE ... 66

Vorbemerkung

Den Dichter Thomas Mann nehmen Unterschiedliche für sich in Anspruch: Bürger und Künstler, Konservative und Kommunisten, Seriöse und Satiriker, Heimatverbundene und Heimatfliehende, Heterosexuelle und Homophile.
Einer speziellen Inanspruchnahme jedoch verschließt er sich mit Werk und Leben: Ein kollektivtaugliches Massenwesen war Thomas Mann nicht. Hierin ähnelt der Schöpfer seinen Novellengestalten, die unverwechselbar Elitäres und Exorbitantes ausleben.
Der körperbehinderte kleine Herr Friedemann, Titelfigur, Wortkünstler Spinell aus ‚Tristan' und der verwachsene Hypnotiseur Cipolla aus ‚Mario und der Zauberer'. Jede der drei Erzählungen nimmt im Novellenschaffen Thomas Manns eine jeweils aus spezifischen Grunde hervorzuhebende Position ein: 'Der kleine Herr Friedemann' ist die erste größere Novelle des Frühwerks, ‚Tristan' die erste Novelle in der Reihe jener Erzählungen, die der Künstlerproblematik gewidmet sind. In ‚Mario und der Zauberer' erkennen wir die erste künstlerische Arbeit, in welcher sich die nach der Auseinandersetzung mit der Weltkriegs-I-Problematik zugewachsenen demokratischen Einsichten Thomas Manns niederschlagen.
Den Untersuchungen zu ‚Buddenbrooks' (AR38), den Künstlernovellen ‚Tonio Kröger/Der Tod in Venedig' (AR 55) und ‚Tristan/Der kleine Herr Friedemann' (AR 60) folgend, liegt nun in der Reihe ‚Analysen und Reflexionen der vierten Beitrag zum Werk Thomas Manns vor. Möge auch er ein wenig dabei helfen dürfen, die intellektuelle Erzählkunst dieses großen deutschen Literaten für unsere Zeit lebendig zu erhalten.

H.G.

1. Lebensdaten

1875 6. Juni: Thomas Mann in Lübeck geboren, zweiter Sohn von Thomas Johann Heinrich M. und Julia M., geb. da Silva-Bruhns: älterer Bruder Heinrich M., geb. 1871

1877 Vater wird zum Lübecker Senator - u.a. für Finanzfragen - gewählt; Schwester Julia geboren

1881 Schwester Carla geboren; Beckergrube 52, das repräsentative Haus der Familie Mann, entsteht

1882 - 1889 Besuch einer Lübecker Privatschule

1889 - 1894 Besuch des Realgymnasiums

1890 Bruder Viktor geboren

1890 Verkauf des alten Familienhauses in der Mengstraße nach dem Tod der Großmutter („Buddenbrookhaus")

1891 13. Oktober: Tod des Vaters; Liquidation der Firma ‚Johann Siegmund Mann, Getreidehandlung. Kommissions- und Speditionsgeschäfte'

1894 Beendigung der Schule mit Untersekunda (Mittlere Reife, Einjährigen-Zeugnis); Übersiedlung zur Mutter nach München, Volontär bei der Süddeutschen Feuerversicherungsbank bis Herbst; Novelle ‚Gefallen'

1895 Mitarbeit an der Zeitschrift ‚Das Zwanzigste Jahrhundert', die von Heinrich M. herausgegeben wurde

1896 Novellen entstehen, darunter ‚Der kleine Herr Friedemann'

1897 Beginn der Niederschrift von ‚Buddenbrooks'

1898 - 1900 Lektor und Korrektor für den ‚Simplicissimus'

1900 Oktober bis Dezember: Militärdienst bis zur Ausmusterung wegen Dienstuntauglichkeit

1901 ‚Buddenbrooks' erscheint

1904 3. Oktober: Verlobung mit Katja Pringsheim (geb. 24. Juli 1883 in München)

1905 11. Februar: Heirat in München; 9. November: Tochter Erika geboren
1906 18. November: Sohn Klaus geboren
1909 27. März: Sohn Golo geboren
1910 7. Juni: Tochter Monika geboren
30. Juli: Selbstmord der Schwester Carla
1914 November: ‚Gedanken im Kriege' erscheint; Beginn des Bruderzwistes mit Heinrich M.
1915 Januar/Februar: ‚Friedrich und die große Koalition' erscheint; November: Beginn der Arbeit an ‚Betrachtungen eines Unpolitischen'
1916 Lektüre des im November 1915 erschienen ‚Zola'-Essays aus der Feder Heinrich Manns
1918 24. April: Tochter Elisabeth geboren
Oktober: ‚Betrachtungen eines Unpolitischen' erscheinen
1919 21. April: Sohn Michael geboren
1922 Januar: Heinrich M. schwer erkrankt; Aussöhnung der Brüder
15. Oktober: Rede ‚Von deutscher Republik' im Beethovensaal Berlin, erstes öffentliches Bekenntnis zum demokratischen deutschen Staat
1923 11. März: Tod der Mutter
1926 31. August bis 13. September: Ferienaufenthalt in Forte dei Marmi bei Viareggio
November: Gründung der Sektion für Dichtkunst in der Preußischen Akademie der Künste; Thomas Mann ist einer der Urwähler
1929 Sommer: Ferienaufenthalt in Rauschen, Samland; Arbeit an
‚Mario und der Zauberer'
12. November: Nobelpreis für Literatur zuerkannt
1931 Feier zu Heinrich Manns 60. Geburtstag am 27. März in der Preußischen Akademie der Künste in Berlin mit Thomas Mann als Festredner
1933 11. Februar: Abreise nach Holland zu Wagner-Vorträgen in Amsterdam, später auch Brüssel und Paris

26. Februar bis September: Aufenthalt in der Schweiz und an der französischen Riviera
Frühherbst: neuer Wohnsitz in der Schiehaldenstraße 33, in Kügnacht bei Zürich bezogen
Dezember: Ablehnung des Beitritts zur Reichsschrifttumskammer

1934 17. Mai bis 18. Juni: erste USA-Reise

1935 9. Juni bis 13. Juli: erneuter USA-Aufenthalt; Ehrendoktorwürde der Harvard University, privates Dinner bei Präsidentenpaar Roosevelt im Weißen Haus

1936 19. November: Verleihung der Staatsangehörigkeit der Tschechoslowakischen Republik
2. Dezember: Aberkennung der deutschen Staatsbürgerschaft für Thomas, Katja, Michael, Elisabeth, Monika und Golo Mann
19. Dezember: Aberkennung der Ehrendoktorwürde durch die Philosophische Fakultät der Universität Bonn

1938 Mai: Offizielle Einwanderung in die USA; Professur in Princeton

1940 Beginn monatlicher Radiosendungen nach Deutschland im Oktober: Ausstrahlung über BBC London, zunächst Lesung der Thomas-Mann-Texte, später telefonische Übertragung von Platten, die der Dichter in Los Angeles selbst besprochen hatte
13. Oktober: Ankunft Heinrich Manns in New York

1944 23. Juni: Verleihung der amerikanischen Staatsbürgerschaft

1946 Oktober: ‚Lotte in Weimar' erscheint als erste Nachkriegspublikation in Deutschland bei Suhrkamp

1949 21. April: Tod des Bruders Viktor M.
21. Mai: Selbstmord des Sohnes Klaus
25. Juli: ‚Ansprache im Goethejahr' in der Paulskirche in Frankfurt am Main
1. August: ‚Ansprache im Goethejahr' im Nationaltheater in Weimar

1950 12. März: Tod des Bruders Heinrich M.

1952 Juni: Übersiedlung aus den USA nach Europa, ab Dezember Wohnsitz in Erlenbach bei Zürich

1953 20. bis 30. April: Reise nach Rom und Palestrina, Privataudienz bei Papst Pius XII.

1954 Bezug des letzen Wohnsitzes in Kilchberg, Alte Landstraße 3

1955 Ende Januar: Virusinfektion mit Kreislaufkollaps
8. Mai: ‚Versuch über Schiller', Festrede in Stuttgart
14. Mai: ‚Versuch über Schiller', Festrede in Weimar
Um den 6. Juni: Feierlichkeiten in Zürich aus Anlaß des 80. Geburtstages
Juli: Ferienaufenthalt in den Niederlanden; Erkrankung an Thrombose, Überführung von Noordwijk aan Zee in das Kantonsspital Zürich
12. August: Thomas Mann verstirbt in den Abendstunden

nach 1955 Thomas Mann hatte die Übergabe seines gesamten Nachlasses an die Eidgenössische Technische Hochschule in Zürich verfügt. So entwickelte sich dort eine zentrale Forschungsstätte, die zahlreiche Originalmanuskripte, Notizbücher, Materialsammlungen und die Bibliothek des Dichters der wissenschaftlichen Nutzung zugänglich macht.
Erwähnung verdienen im deutschen Sprachraum daneben auch die Bibliotheken in München und Lübeck.
Das Thomas-Mann-Archiv der Deutschen Akademie der Wissenschaften in Ostberlin besitzt ebenfalls aufschlußreiches Material.
Vorsichtige Schätzungen gehen davon aus, daß die Weltgesamtauflage von Thomas Manns Büchern fünfzehn Millionen bereits deutlich überschritten hat.

Unglaublich viel ist über Thomas Mann und sein Leben geschrieben worden, nicht weniger über sein literarisches Werk. Uns erscheint es erforderlich, hierzu ein abgrenzendes Wort vor die Betrachtung der Novelle ‚Mario und der

Zauberer' zu stellen. Abgrenzend insoweit, als wir unseren Standort angeben wollen, den wir bei der Betrachtung einnehmen:
Kein Zweifel, Thomas Mann war ein eminent politischer Schriftsteller, wenngleich auch sehr gespalten im Umgang mit ihr. Die Vor- und Entstehungsgeschichte gerade dieser Novelle beweist dies eindringlich. Wir wollen deshalb versuchen, den privaten Hintergrund seines Schreibens, soweit ‚Mario und der Zauberer' betroffen wird, aus unseren Betrachtungen nicht auszuklammern. Im Vordergrund stehen jedoch die kritische Sicht auf Zeit und Gesellschaft, wie sie sich nach unserer Auffassung in der Novelle spiegeln. Diese Blickrichtung impliziert die Zuhilfenahme vornehmlich der Sekundärliteratur, die explizit den politischen Grundton der ‚Mario' - Novelle in den Mittelpunkt von Betrachtung und Verstehen stellt.

Demjenigen, der sich über die Novelle hinausgehend dem „ganzen" Thomas Mann mit seinen privaten und politischen-weltanschaulichen Klarheiten wie auch Verwerfungen nähern möchte, raten wir zur Lektüre der monumentalen Mann-Biographie von Klaus Harpprecht (Hamburg 1995), die an differenzierter Ausgewogenheit der Darstellung zur Zeit von keiner anderen übertroffen wird.

2. Anmerkungen zum Novellenschaffen Thomas Manns

Aus Gegensätzlichem erwachsende Spannungsbögen wölben sich über Leben und Werk Thomas Manns.
Prägt ihn einerseits nordisch-patrizische Herkunft, faszinieren andererseits schon den Knaben Theaterspiel und Musik. Der Konflikt zwischen Künstlertum und Bürgerlichkeit wird zum zentralen Thema.
Der Gegensatz zwischen ‚Geist' und ‚Leben' läßt ihn am Dasein leiden, ohne daß freilich die Fähigkeit, sich herzlich-naiv am bürgerlichsten aller Erfolge zu freuen, nachgelassen hätten: „Für den I. Abdruck von ‚Tonio Kröger' habe ich 400 (vierhundert) Mark bekommen. Bitte dies herumzuerzählen" schreibt er am 3. April 1903 an Carl Ehrenberg.[1)]
Wenngleich er am Realgymnasium zwischen 1889 und 1894, in fünf Jahren mit knapper Not drei Klassen absolviert, wird aus dem Schulversager der Nobelpreisträger und mehrfache Ehrendoktor, aus dem einstigen Volontär bei der ‚Süddeutschen Feuerversicherungsbank' eines der Mitglieder jenes Urwähler-Gremiums, das die Sektion für Dichtkunst der Preußischen Akademie der Künste aus der Taufe gehoben hat. Findet man ihn 1895/96 als Mitarbeiter der ultrakonservativen, antisemitischen Zeitschrift ‚Das zwanzigste Jahrhundert. Blätter für deutsche Art und Wohlfahrt', so tritt er später ins öffentliche Bewußtsein als engagierter Antifaschist und sorgsamer Chronist des bürgerlichen ‚Verfalls', dem auch die SED-eigene Zeitung der ehemaligen DDR, ‚Neues Deutschland', am 30.10.1954 ihre Spalten öffnet für eine publizistische Lobpreisung der ‚Weltfestspiele der Jugend' in Polens Hauptstadt.[2)]
Da gibt es das mutig-eindeutige Bekenntnis zu den drei Männern, „die ich zu nennen habe, wenn ich mich nach den Fundamenten meiner geistig-künstlerischen Bildung frage, diese Namen für ein Dreigestirn ewig verbundener

---

1) Bürgin/Mayer, Thomas Mann. Eine Chronik seines Lebens, S. 26
2) vgl. Hilscher, Thomas Mann. Sein Leben und Werk, S. 211

Geister, das mächtig leuchtend am deutschen Himmel hervortritt - sie bezeichnen nicht intim deutsche, sondern europäische Ereignisse: Schopenhauer, Nietzsche und Wagner."[3] Jedoch es gibt auch die so wunderbar ironische Tristan-Novelle mit ihrer feinsinnig-parodierenden Absage an stabreimende Wagnersche Gefühlsschwelgerei und Todessehnsucht, und in ,Wälsungenblut' nennt er die ,Walküre' - Musik einen „erhabenen Lärm". Selbst die köstliche Lohengrin-Szene im Roman ,Der Untertan' seines Bruders Heinrich findet bei aller Skepsis, mit der Thomas Mann dieses Werk aufnimmt, lobende Erwähnung: „Und der Zivilisationsliterat wurde von einem richtigen Instinkt geleitet, wenn er im satirischen Gesellschaftsroman den Lohengrin verulkt, indem er ihn ins Politische übersetzt".[4]

Deutlich mischt sich leise Skepsis in die Bewunderung. Auch zu Nietzsche besteht bei aller geistigen Verbundenheit kein Verhältnis blindäugiger Gefolgschaft: „Im Gegenteil fiel er (Th. M.) sich selbst gewissermaßen ständig in die Rede, präzisierte, schränkte ein und erklärte grundsätzlich, er habe Nietzsche eigentlich niemals ,wörtlich' genommen und ihm ,fast nicht' geglaubt".[5]

Was Schopenhauer betrifft,[6] so findet man zwar Senator Buddenbrook mit des Philosophen Abhandlung ,Die Welt als Wille und Vorstellung'

„Nachhaltiger noch als das geistig-künstlerische Erlebnis Nietzsches wurde für Thomas Mann die recht zufällig begonnene, dann aber leidenschaftlich betriebene Lektüre Schopenhauers, die tiefer als alle bisherigen Eindrücke in seine Seele drang. Auf den ersten Schein hin betrachtet, hat diese Begegnung mit dem anderen großen Gegenspieler des Jahrhunderts etwas durchaus Typisches. Der ,Erkenntnisekel', von dem auch der Dichter in Erinnerung an

---

3) Thomas Mann, Aufsätze. Reden. Essays. Band 2.1914 - 1918; S. 224 - 254 ,Einkehr'; - hier wird diese Problematik ausführlich behandelt

4) zitiert nach Paintner, Heinrich Mann. Der Untertan, S. 84

5) Hilscher, Thomas Mann, S. 35

6) vgl. Bauer, Thomas Mann und die Krise der bürgerlichen Kultur, S. 24f.

seine Schopenhauerverehrung spricht war ja nichts anderes als seine Reaktion auf die überquellende Masse positivistischer Lösungsversuche aller vorhandenen Welträtsel. Zu Schopenhauer hatte ein erheblicher Teil der zeitgenössischen Intelligenz gefunden: die um echte Bildung bemühte und von dem herrschenden Bildungsbetrieb enttäuschte Jugend. Schopenhauer hatte mit seiner Ablehnung des ‚Willens', mit seiner aus der indischen Religiosität entstandenen Nirwanalehre, dem Ja zum Nichtsein, die letzte Konsequenz aus der Romantik gezogen, dieser im tiefsten Grunde so deutschen Flucht aus der Wirklichkeit. Auch andere junge Leute haben hingerissen tage- und nächtelang das befaßt, aber bei Lichte besehen, mangelt es an ausdrücklichen Bekundungen Thomas Manns über Einflüsse auf das gestaltete Werk, wenngleich die Bedeutung des Philosophen gerade für das Spätschaffen nicht übersehen werden darf.
Vielfältige thematische und kompositorische Beziehungsfäden knüpfen sich zu Richard Wagners Kunst. Nietzsche wirkt sprachformend ein, diesbezügliche Selbstzeugnisse des Dichters finden sich in Fülle. Schopenhauer hingegen bleibt eher prägend für Thomas Manns Lebenshaltung eines „pessimistischen Humanismus, der dem Menschen die Kraft zur Befreiung aus naturhafter Gebundenheit zutraut und zur Karitas aufruft."[7)]
Sich-Bekennen zu diesem Dreigestirn europäischen Geisteslebens und der kritischen Aneignung von dessen Positionen für das eigene Werk ergeben sich produktive Spannungen im Geistig-Künstlerischen. In Frau Katja geb. Pringsheim findet er eine verständnisvolle Lebenspartnerin für viele Ehejahre. Aus ihrer Verbindung gehen sechs Kinder hervor. Und doch plagen ihn ein Männerleben hindurch homoerotische Beunruhigungen: „Immer wieder mal wird Betroffenheit durch den Anblick eines ‚eleganten jungen Mannes', eines ‚süffisant aussehenden jungen

7) Hilscher Thomas Mann, S. 37
8) Der Spiegel, Nr. 36/1979, S. 240

Menschen', eines ,hübschen jungen Gents' notiert."[8])
Das Hamburger Nachrichtenmagazin „Der Spiegel" stellt dies in einer Art Indiskretionsprotokoll fest zu den erst 1979 veröffentlichten Thomas-Mann-Tagebüchern von 1918 - 1921, die laut dieses Spiegel-Beitrags nur versehentlich der Vernichtung durch ihren Urheber entgangen seien.
Spannungsvolle Beziehungen knüpfen sich naturnotwendig zwischen den verschiedenen Seiten seines literarischen Schaffens als Romancier, Essayist und Erzähler.
Die Zeitgenossen haben das Evangelium des Pessimismus begierig in sich eingesogen, ja man kann die Äußerung Thomas Manns über die ,Krankheit seiner Jugend' als typischen Zustand einer ganzen Generation bezeichnen. Es war das Leiden an der Welt in der für jene Generation typischen Form. Was jedoch den Dichter der ,Buddenbrooks' von seinen Jugendgenossen unterschied, ist auch hier wieder die Fähigkeit der Sublimierung im Kunstwerk. Werthers Urbild tötete sich selbst, doch der Dichter seiner Schmerzen blieb am Leben."
Ein Hauch von kokettem Understatement scheint mitzuschwingen, wenn der längst Arrivierte 1940 vor Princeton-Studenten rückschauend versichert, im Grunde überzeugt gewesen zu sein, daß er es nie mit der großen Form des Romans würde aufnehmen können, sondern daß vielmehr „Die Kurzgeschichte, wie ich sie in der Schule Maupassants, Tschechows und Turgenjews erlernt hatte, mein Genre sei...."[9])
Zwar hatten ihn die 1000-Seiten-Buddenbrooks aus der Anonymität gehoben, aber an der Wiege seines Erfolgs stand eben auch Novellistisches aus Meisterhand: „1918 ist Thomas Mann noch nicht der Nobelpreisträger. Aber in seiner Münchner Villa, Poschinger Straße 1, residiert der Verfasser der ,Buddenbrooks', des ,Tonio Kröger' und der ,Königlichen Hoheit' bereits als repräsentativer Großschriftsteller. Zu seinen Freunden, Gästen und Gastgebern gehören Adlige und Bankiers so gut wie der Dirigent Bruno

9) Wysling, Quellenkritische Studien zum Werk Thomas Manns, S. 79

Walter oder der Komponist Pfitzner. Oft wird ‚Fracktoilette gemacht'. Letzte Tagebucheintragung 1921: „Meine Einnahmen dieses Jahr betragen 300 000 Mark!"[10]

Zu diesem Zeitpunkt liegt die novellistisch produktivste Phase Thomas Manns schon Jahre zurück. Sie dauerte etwa vom Ausgang des neunzehnten Jahrhunderts bis kurz vor den ersten Weltkrieg. Als ihre Eckpfeiler kennen wir die Künstlernovellen ‚Tonio Kröger' und ‚Der Tod in Venedig'.

Die frühesten Novellen datieren bereits von 1893 (‚Vision') und 1894. (‚Gefallen'). Sie fehlen später im ersten Sammelbändchen von 1898, das neben der Titelerzählung ‚Der kleine Herr Friedemann' die bis zum Jahre 1897 in München und Italien geschriebene Prosaarbeiten enthält (Der Tod, Der Wille zum Glück, Enttäuschung, Der Bajazzo, Tobias Mindernickel), die allesamt ihren ersten Abdruck im ‚Simplicissimus' oder der ‚Neuen Deutschen Rundschau' erfahren hatten.

In einer der ersten Rezensionen über die Novellensammlung ‚Der kleine Herr Friedemann' hieß es: „Das sind mit die besten deutschen Geschichten, die man seit Saars Novellen bei uns lesen kann....Eigenartig, seltsam, in klarem bewußten Deutsch kommen sie bescheiden und siegen, ja sie reißen hin, sie überwältigen, soviel Schönheit, Wahrheit, Lebensüberwinden und einnehmende Traurigkeit sind in ihnen" (Richard Schaukal in der ‚Gesellschaft', Leipziger, September 1898)[11]

Unter dem Datum vom 12. Januar 1900 freilich mußte Verleger Samuel Fischer trotz der literarischen Anerkennung einen kommerziellen Mißerfolg melden: Von 2000 aufgelegten Exemplaren waren lediglich 413 gekauft worden.[12]

Auch die Erzählungen des zweiten Novellenbändchens ‚Tristan' von 1903 waren zuerst im ‚Simplicissimus, oder der ‚Neuen Deutschen Rundschau' gedruckt worden: ‚Der

10) Der Spiegel, Nr. 36/1979, S. 240

11) zitiert nach: Matter, Die Erzählungen. In: ‚Das erzählerische Werk Thomas Mann, S. 436

12) vgl. ebenda, S. 433

Weg zum Friedhof', ,Der Kleiderschrank', ,Luischen', ,Gladus Dei' und siebzehn Monate nach dem Erscheinen der ,Buddenbrooks', die wichtigste Novelle des Frühwerks, ,Tonio Kröger'.
Die Verwandtschaft dieser Novellen resultiert keineswegs ausschließlich aus ihrem Entstehungszeitraum, vielmehr fußt sie auf einem thematisch-inhaltlichen Bezug: Der junge Dichter sucht seine Bestimmung. Autobiographisches wird allenthalben gestreift - das soziale Milieu im ,Kleinen Herrn Friedemann' beispielsweise, die Verzauberung durch Wagnerklänge im ,Tristan' oder das Suchen nach innerer Orientierung im ,Tonio Kröger'. Wagners Romantik, Schopenhauers Pessimismus und Nietzsches Verfallpsychologie fördern eine tieftragische Weltsicht des jungen Thomas Mann, die literarisch sublimiert wird im Wesen seiner frühen Novellengestalten und dem von ihnen erlebten Grundkonflikt: dem schicksalhaften Zusammenprall von Außenseitertum und Bürgerlichkeit, von Sensibilität und Seelenlosigkeit. Seine Helden sind krank, mißgestaltet, gezeichnet von physischen oder psychischen Defekten. Sie leben in einer Schein- oder Ersatzwelt. Ihr Versuch, sich dem wirklichen ,Leben' zu nähern, mit ihm Schritt zu halten, endet folgerichtig in der individuellen Katastrophe wie bei Friedemann oder dem Bajazzo. Selbstzweifel und Resignation zeigen sich als tragende Säulen des Frühwerks. Bei aller Vorliebe für Sonderbares und Pathologisches: Liebe hat Thomas Mann seinen Figuren nicht entgegengebracht. Ironische Abgrenzung bewahrte ihn vor allzugroßer Nähe. Sie artete zuweilen aus, indem sie die Grenzen zum Grotesken überschritt, so wenn Lobgott Piepsam die Begegnung mit dem frohgemuten Radfahrer, einem wahren Lebens-Kerl, nicht übersteht, oder wenn der fette Rechtsanwalt Jacoby sich zu Tode tanzt. Auch der aus Mißgunst ermordete Hund des Tobias Mindernickel gehört in diesen Zusammenhang. Damit soll nicht gesagt sein, daß ausschließlich die hier erwähnten Novellen ,Der Weg zum Friedhof', ,Luischen'

und ‚Tobias Mindernickel' dergleichen aufweisen. Verwandte Züge, wenngleich in weniger ausgeprägter Zugespitzheit, finden sich auch in anderen frühen Novellen. Augenscheinlich treibt die Auseinandersetzung mit eigenen Seelennöten den jungen Dichter zu einer Ironie, die der Herzlosigkeit ziemlich eng benachbart ist.

Mit der Novelle ‚Tristan' beginnt die pointierte Hinwendung zur Künstlerproblematik. Der Gegensatz zwischen künstlerischer Existenz und lebenstüchtigen Bürgerdasein ist schon in den früheren Novellen vorgezeichnet. Friedemann, auch der Bajazzo, sind auf einer Vorstufe der Künstlerexistenz angesiedelt. Ihnen und anderen Figuren - bis hin zu Hanno Buddenbrook - ist die Kunst Refugium und Lebensraum neben dem harten, seelenlosen, geschäftigen Bürgeralltag. Dilettanten bleiben sie allesamt - und insofern auch Spiegelgestalten ihres Schöpfers Thomas Mann, der selbst in jenen Jugendjahren noch der Gewißheit ermangelt, ein Künstler nicht nur von Berufung, sondern auch von Beruf zu sein, bis ihn im Februar 1901 die Annahme der ‚Buddenbrooks' durch den S. Fischer Verlag von quälenden Selbstzweifeln endlich befreit.

‚Tristan' nimmt sich des Künstler-Bürger-Themas - als erstes Werk in einer langen Reihe zu dieser Problematik - zunächst aus ironischer Distanz an. Mit den Mitteln bissiger Satire erfährt die Erscheinung eines dekadent-todessüchtigen Ästhetentums schonungslose Kritik.

Mit ‚Tonio Kröger' - der Dichter nennt ihn später seinen ‚Werther' (Lebensabriß, 1930) - folgt ein Bekenntniswerk: „Thomas Manns strenge Kritik an der gewöhnlichen Bürgerexistenz, die sich der ethischen Sinngebung durch Geist und Kunst so verschließt, wird jedoch gemildert' durch die romantische Sehnsucht nach einem von Zweifeln unberührtem Glück', wie sie sich als nur leicht verschleiertes Selbstbekenntnis in ‚Tonio Kröger' äußert."[13]

In der sich anschließenden Schaffensphase entstehen zahlreiche Prosaarbeiten der kleinen Formen: ‚Ein Glück'

13) ebenda, S. 433

(1903), ‚Das Wunderkind' (1903), ‚Beim Propheten' (1904), ‚Wälsungenblut' (1905), ‚Schwere Stunden' (1905), ‚Anekdote' (1908), ‚Königliche Hoheit' (1909), ‚Wie Jappe und Do Escobar sich prügelten' (1910).
Ihren Höhepunkt und Abschluß findet die novellistisch produktivste Zeitspanne im Lebenswerk Thomas Manns mit ‚Der Tod in Venedig' aus dem Jahre 1912. Man weiß um die „deutlich dominierende Auffassung der Interpreten, der ‚Tod in Venedig' sei eine Eigenbilanz Thomas Manns"[14)]und kennt das auch in unserem Zusammenhang wichtige Wort Hermann Stresaus, die Novellenfiguren Detlev Spinell, Tonio Kröger und Gustav Aschenbach seien für Thomas Mann „Signaturen der eigenen Möglichkeiten".[15)]
Ist ‚Tristan' die ironisch-satirische Vorwegnahme des Künstlerthemas, stellt ‚Tonio Kröger' einen entschiedenen Versuch dar, die Lebensfeindlichkeit der Dekadenz zu durchbrechen, so markiert ‚Der Tod von Venedig' die endgültige Überwindung der Dekadenz-Problematik im Werk des Dichters.
In teilweise erheblichen zeitlichen Abständen folgen später noch sechs weitere Novellen, die das erzählerische Werk auf den Gesamtumfang von zweiunddreißig Skizzen, Studien, Kurzgeschichten, Idyllen und Novellen runden. Gleichsam als Regenerationsphasen, als Einschalterungen der kleinen Formen, unterbrechen sie die Arbeit des Romanciers und des Essayisten: ‚Herr und Hund' (1918), ‚Unordnung und frühes Leid' (1925), **‚Mario und der Zauberer' (1929),** ‚Die vertauschten Köpfe' (1940), ‚Das Gesetz' (1943), ‚Die Betrogene' (1953).
Charakteristisch für das Wechselverhältnis zwischen Novellenschaffen und Romanwerk Thomas Manns ist die Tatsache, daß mit Ausnahme des Altersromans ‚Doktor Faustus' alle übrigen Romane aus Novellenkonzeptionen hervorgegangen sind.

---

14) Gehrke, Thomas Mann. Tonio Kröger. Der Tod in Venedig, S. 56
15) Stresau, Thomas Mann, S. 93

Dies gilt selbst für die voluminösen ‚Buddenbrooks'; denn ursprünglich sollte eine Hanno-Novelle entstehen. Der kleine Roman ‚Königliche Hoheit' war als Fürsten-Novelle konzipiert. ‚Der Zauberberg' erhielt seine Anregungen in „jenem wunderlichen Milieueindrücken, aus denen die Hörselbergidee zu einer knappen Novelle sich bildete".[16)] Thomas Mann hatte sie empfangen, als er um die Jahresmitte 1912 Frau Katja für drei Wochen im Schweizer Lungensanatorium besuchte.

Für ‚Joseph und seine Brüder' wurde eine Novellenidee zum Ursprung, die zusammen mit zwei anderen Novellenstoffen - über Philipp II. von Spanien beziehungsweise Erasmus von Rotterdam und Luther - eine Art historisches Tryptichon bilden sollte. ‚Lotte in Weimar' bezeichnete Thomas Mann selbst in einem Brief vom 24. Oktober 1936 als „Goethe-Novelle". ‚Der Erwählte' wird zum erstenmal in einem Brief vom 25. Oktober 1945 erwähnt, als die Arbeit am ‚Doktor Faustus' vorherrschte:

> „Jetzt halte ich bei einer grotesken Opernsuite für das Marionettentheater, die Leverkühn komponiert und deren Stoff er dem alten Fabel- und Legendenbuch ‚Gesta Romanorum' entnimmt. Es sind da Geschichten, wenigstens eine, die ich ihm am liebsten wegnähme, um selbst eine merkwürdige Novelle daraus zu machen."[17)]

Der erst ein Jahr vor dem Tode Thomas Manns erschienene Roman ‚Die Bekenntnisse des Hochstaplers Felix Krull' hat seinen Ursprung in „einer kleineren Erzählung" mit dem Titel ‚Der Hochstapler', die schon 1909 beabsichtigt war.[18)]
Zu den übergreifenden Gemeinsamkeiten der hier betrachteten Erzählungen gehört ihr Verwurzeltsein in den Stimmungen der Zeit. So verkörpern Friedemann und der Schriftsteller Spinell Spielarten dekadenter Lebensentfremdung.

---

16) Thomas Mann, GW XII, S. 531

17) zitiert nach: Ulla Fix, Der Erwählte. In: Das erzählerische Werk Thomas Manns, S. 364

18) vgl. Klaus Hermsdorf, ‚Bekenntnisse des Hochstaplers Felix Krull' a.a.O., S. 398

Unter dem Eindruck des fortschreitend von kapitalistischer Produktionsweise geprägten Lebens verschärfen sich im Verlaufe des 19. Jahrhunderts die Widersprüche zur Kunst derart, daß Künstler beginnen, sich radikal von der Wirklichkeit abzuwenden, Kunst und Leben reinlich zu trennen. Künstlersein gedeiht im Selbstverständnis zur höchsten Sinnerfüllung menschlicher Existenz. Es wird als göttliche Begnadung empfunden und die Kunst immer mehr in den Raum des individuellen Fühlens eingeschlossen. Romantische Strömungen bilden sich heraus - vornehmlich in Frankreich und Deutschland, aber auch anderswo in Europa. Nicht wenige westeuropäische Autoren sehen in zunehmender Entfremdung ein absolutes, ewiges Geschehen. Sie werden zu Apologeten des Enthumanisierungsprozesses. Die Summe ihres künstlerischen Wirkens verdichtet sich in dem schillernden und facettenreichen Begriff Dekadenz, der das französische Wort für ‚Verfall' (décadence) zur Bezeichnung einer Epochenstimmung erhebt. Zwei Einflußfaktoren bleiben für die Entwicklung bestimmend. Sie bedingen sich gegenseitig und stärken einander zwangsläufig: die wachsende Bedeutung der industriellen Produktion auf der einen, die fortschreitende Entwertung humaner Beziehungen auf der anderen Seite. Von daher erhält die Abwendung der Literatur vom realen Leben kräftige Impulse. Endzeitstimmung und Lebensekel breiten sich aus. Von Charles Baudelaire (1821 - 1867) stammt der Satz: „Der Untergang kommt durch die Entwürdigung der Herzen."[19] Oscar Wilde (1856 - 1900) spottet: „Wir leben in einer Zeit, die zuviel arbeitet und zuwenig erzogen ist, in einer Zeit, wo die Leute vor Fleiß blödsinnig werden."[20]

Der Titel einer Pariser Komödie von 1884 wird zum Synonym für diese Grundhaltung eines sorgsam kultivierten Überdrusses: ‚Fin de siècle' - Ende des Jahrhunderts.

---

19) Geissler, Europäische Dokumente aus fünf Jahrhunderten, S. 797
20) ebenda, S. 798

In Frankreich sammeln sich nach 1880 Anhänger einer neuen Richtung in der Literatur um Jean-Arthur Rimbaud (1854 - 1891), einen hochbegabten Schwarmgeist und Opponenten gegen den hergebrachten Kulturbetrieb, und um Paul Verlaine (1844 - 1896), den Begründer der freien Rhythmik in der französischen Poesie. Gerichtet gegen den herrschenden Geist des Positivismus und Naturalismus, will der ‚Symbolismus' ein neues Gefühl des Überwirklichen der Seele, der träumerischen Ahnung hervorrufen. Als bevorzugte Gestaltungsmittel bedient man sich der raffinierten Verschlüsselung durch Symbole und musikalischer Klangwirkungen der Worte.
Der Symbolismus kommt den Bedürfnissen einer spezifischen Schicht von Gebildeten entgegen, die aus Unsicherheit, Ermüdung, Lebenserschlaffung - oder um es mit einem später belegten Wort Thomas Manns zu sagen - aus dem „Psychologismus der Zeit" überfeinerte seelische An- und Erregungen brauchen, um ihre ästhetische Genußfähigkeit zu bewahren.
Der Symbolismus wird zum künstlerischen Ausdruck der Dekadenz und gewinnt Einfluß auf die verwandte neuromantische Strömung in Deutschland. In diesem Zusammenhang gehören Namen wie Hauptmann, Dehmel, George, Rilke, Hofmannsthal oder Hermann Bahr, dem die Einführung des Dekadenzbegriffes und des ‚Fin de siècle' in den deutschen Raum zugeschrieben wird.
Deutschland bietet insofern für derlei Bestrebungen eines besonders fruchtbaren Nährboden, als hier die von der Gründerzeit ausgehenden Antriebe der Humanitätsentwertung auffallend kraß wirken. Der Gründe sind viele. Einige sozial-relevante Chiffren müssen an dieser Stelle umfassendere Darlegungen vertreten: Großstadt, Großbetrieb, Großhandel, Warenhaus, unpersönliches Aktienkapital, Mietskaserne.
Die Abwendung der Literatur vom Leben hinterläßt in den Werken der Zeit unterschiedliche Spuren: die Zuflucht in subjektivistisch-phantastischen Traumreichen, das Leug-

nen jeglicher gesellschaftlichen Funktion der Literatur, das Verneinen irgendwelcher Verbundenheit mit Volk und Nation, der Verzicht auf soziale Mitteilungen und auf die didaktische Funktion, die undialektische Trennung von Inhalt und Form, ein deformiertes Menschenbild, hohler Ästhetizimus in Sinne abstrakter und lebensuntüchtiger Schönheitsideale, die Absage an humanistische und realistische Literaturtraditionen.

Das Auftreten dieser Dekadenz-Symptome in den Werken der Zeit ist durchaus unterschiedlich; keineswegs alle findet man immer beieinander, und ihre Ausprägung kennt beträchtliche Differenzierungen.

Europäische Décadents aller Schattierungen sehen in Friedrich Nietzsche, dem geistreichen Verfechter exklusiver ‚Auserwähltheit', ihren favorisierten Vordenker. Eine homogene Strömung bildet die Dekadenz dessen ungeachtet nicht. Da findet sich die nach Geisteshaltung und Formprinzip aristokratisch-barbarische Elite einen Stefan George neben Gottfried Benns naturalistisch-zynischen Nihilmus. Hugo von Hofmannsthals morbides Lebensgefühl steht neben der bestrickenden Musikalität Rilkescher Verskunst. Gerhart Hauptmann, Franz Kafka und Hermann Hesse liefern weitere Mosaiksteine zum vielfarbigen Bilde.

Und natürlich gehören hierher auch die Brüder Heinrich und Thomas Mann.

Nicht nur die frühen Novellenfiguren Johannes Friedemann und Detlef Spinell rücken die Dekadenzproblematik in unser Blickfeld. Auch die Cipolla-Gestalt aus der Mario-Novelle „steht mit einem Teil ihres Wesens in der Tradition des Frühwerks. Es findet sich - freilich wie von einem Zerrspiegel verändert - Grundzüge der frühen Novellenhelden: die körperliche Behinderung, das Anderssein als die Masse, die Ausübung eines (klein) künstlerischen Berufes..."[21)]

---

21) Paintner, Thomas Mann. Tristan. Tonio Kröger. Mario und der Zauberer, S. 72

3. MARIO UND DER ZAUBERER

3.1 Zur Entstehung der Novelle und frühe Stimmen der Kritik

Vom 31. August bis 13. September 1926 verbrachten Thomas und Katja Mann mit ihren beiden jüngsten Kindern Elisabeth und Michael die Ferien in Forte dei Marmi, einem nicht sonderlich bedeutenden Badeort in Mittelitalien, Provinz Lucca. Man hatte Erholung nötig, denn dieses Jahr 1926 war voller Bewegung gewesen: eine Frankreichreise schon im Januar, die Münchner Grippe im Februar, Lübecks 700-Jahrfeier mit der berühmten Rede im Juni, und wenig später die Hochzeit von Erika Mann mit Gustav Gründgens, um nur einige der wichtigsten Begebenheiten zu nennen.

Aber es sah so aus , als sollte es vorerst nichts werden mit Ruhe und Ausgeglichenheit. Schuld daran waren die Zustände im Hotel, vom schlechten Essen über mangelnden Service und ungleiche Behandlung der Gäste bis hin zu kriecherischer Servilität des Hotelwirtes gegenüber den ungerechtfertigten Interventionen einer italienischen Adelsdame gegen das gelegentliche Husten der Mann-Kinder, eine Reminiszenz an den soeben überstandenen Keuchhusten.

Nach wenigen Tagen schon, zog man es deshalb vor, die Behausung zu wechseln. Thomas und Katja Mann „...fanden die Pension Regina viel distinguierter und sympathischer“.[22)]

Daß mit der Darstellung dieser Mißhelligkeiten einmal eine der bekanntesten Novellen des Dichters beginnen würde, war nicht abzusehen. Daß der Stoff überhaupt zur Novellenform gedeihen konnte, ist einem eher zufälligen Impuls zu verdanken. Thomas Mann berichtete darüber: „Der ‚Zauberkünstler‘ war da und benahm sich genau, wie ich es

---

22) Brief an den Kritiker Otto Noerth vom 12. Juni 1930, zitiert nach: Matter, Die Erzählungen, S. 513

geschildert habe. Erfunden ist nur der letale Ausgang: In Wirklichkeit lief Mario nach dem Kuß in komischer Beschämung weg, und war am nächsten Tage, als er uns wieder den Tee servierte, höchst vergnügt und voll sachlicher Anerkennung für die Arbeit ‚Cipollas'.
Es ging im Leben weniger leidenschaftlich zu, als nachher bei mir. Mario liebte nicht wirklich, und der streitbare Junge im Parterre war nicht sein glücklicher Nebenbuhler. Die Schüsse aber sind nicht einmal meine Erfindung: Als ich von dem Abend hier erzählte, sagte meine älteste Tochter: ‚Ich hätte mich nicht gewundert, wenn er ihn niedergeschossen hätte.' Erst von diesem Augenblick war das Erlebte eine Novelle."[23]

Beginnend mit dem Jahre 1926 stand zu dieser Zeit Thomas Manns Arbeit ganz im Zeichen des ‚Joseph'-Werks. Erst im Sommer 1929, als die Familie vom 29. Juli bis 23. August im Kurhaus des Ostseebades Rauschen auf Samland - wieder waren die beiden jüngsten Kinder dabei - ihre Ferien verbrachte, wurde die Novelle ‚Mario und der Zauberer' in wenigen Wochen zu Papier gebracht. Nach eigenem Bekunden im ‚Lebensabriß' scheute sich Thomas Mann davor, das ‚Joseph'-Manuskript samt der dazugehörigen Materialien mit auf die Reise zu nehmen, und so begann er, zunächst im Hotelzimmer, bald aber auch am Strand, die Eindrücke von 1926 zur Geschichte von Mario, dem Kellner, und Cipolla, dem zynischen Magier, zu verarbeiten. Wieder geschah ihm dabei, was schon so oft geschehen war - zum Beispiel bei ‚Buddenbrooks' oder ‚Der Tod von Venedig' - der Stoff zu einem bescheidenen Vorhaben uferte aus, erlangte eine Art Eigenleben, drängte nach der ihm gemäßen Form: „...so (...) ließ ich es geschehen, daß mir aus der Anekdote die Fabel, aus lockerer Mitteilsamkeit die geistige Erzählung, aus dem Privaten des Ethisch-Symbolische unversehens erwuchs..." (‚Lebensabriß', 1930)[24]

---

23) ebenda, S. 513
24) zitiert nach Matter, Die Erzählungen, S. 514

Anläßlich der Feier zur Verleihung des Nobelpreises las Thomas Mann die Novelle zum erstenmal am 16. November 1929 vor dem Schutzverband deutscher Schriftsteller in München. Im folgenden Monat - am 10. Dezember nahm er den Nobelpreis entgegen - gab es Lesungen in Berlin und Stockholm. Gedruckt wurde die Mario-Erzählung zuerst in ‚Velhagen und Klasings Monatsheften' im April 1930. Sie trug dort den Titel ‚Tragisches Reiseerlebnis'. Die erste Buchausgabe im S. Fischer Verlag erschien ebenfalls im April unter dem Titel ‚Mario und der Zauberer'. Ein tragisches Reiseerlebnis. Später entfiel dann durchweg der Untertitel. Thomas Mann dankte S. Fischer geradezu bewegt mit einem Brief vom 3. Mai 1930 für „die reizende Art, mit der Sie die Erzählung herausgebracht haben."[25] Illustrationen von Hans Meid, anspruchsvolle buchbinderische und druckerische Ausstattung wirkten zusammen, dieses Autorenurteil zu rechtfertigen. Und nicht ganz ohne Wirkung auf das Autoren-Wohlwollen dürfte auch die zuversichtlich am Preisträger-Bonus orientierte Höhe der Startauflage von 30 000 Exemplaren gewesen sein. Einen wesentlichen buchhändlerischen Erfolg vermochte sie jedoch nicht einzuleiten.
„Die Erzählung ‚Mario und der Zauberer', 1930 erschienen, ist beim ersten Zusammentreffen zwischen Werk und Leserschaft entscheidend mißverstanden worden: entweder hielt man sich an den privaten Tonfall der Erzählung, die anmutet (und anmuten soll) wie ein etwas lang geratener Brief mit Reiseberichten; oder man nahm das Werk von der psychologischen Seite, um darin, scheinbar gestützt auf den italienischen Rahmen der Novelle, eine Beziehung zum ‚Tod in Venedig' zu erblicken. Als ein wichtiges Werk Thomas Manns wollte man die Geschichte im allgemeinen nicht anerkennen, übersah dabei jedoch einmal mehr, daß der Rhythmus seiner großen Romane vom Dichter immer wieder durch die Parallelordnung kleinerer Gebilde gestützt und unterstrichen wird"[26], heißt es dazu bei Hans

25) ebenda, S. 516
26) Meyer, Thomas Mann, Werk und Entwicklung, S. 183

Mayer, und im gleichen Zusammenhang vermerken die schon mehrfach zitierten ‚Erläuterungen': „Während namhafte Teile der deutschen Kritik sich durch den privaten Tonfall der Reiseerzählung weitgehend auf die Würdigung künstlerischer Vorzüge und ästhetischer Kategorien hinlenken ließen, hatten Italiens Zensoren ein wacheres Gespür für die politische Brisanz des Textes. So blieben die Bemühungen der italienischen Übersetzerin Lanihia Mazzucchetti ohne Ergebnis. Die Mario-Novelle durfte im faschistischen Italien nicht erscheinen."[27)]
Die Kritik der präfaschistischen deutschen Szene reagierte unsicher. Schließlich hatte man diese oder jene, vielleicht aber auch um jeden Preis keine politische Couleur zu vertreten. Und nun legte der frischgebackene Nobelpreisträger - seine ‚Buddenbrooks' waren eben über die Millionengrenze hinausgekommen - diesen auf vertrackte Weise zeitnah-symbolischen Text vor, der sich beim besten Willen nicht ignorieren ließ.
Vom jeweiligen weltanschaulich-politischen Umfeld eingefärbte Verlegenheiten artikulieren sich unüberhörbar in den Pressereaktionen des Erscheinungsjahres. Einige ausgewählte Kernsätze[28)] genügen zur Veranschaulichung:

> Bruno E. Werner, Deutsche Allgemeine Zeitung, 14. Mai 1930:
>
> > „Diese Novelle ist die Schilderung eines privaten Ereignisses und der Autor hat hinreichend subtile, gestalterische Fähigkeiten, um das Geschehnis aus der Sphäre des Persönlichen ins Allgemein-Menschliche zu steigern."

---

27) Paintner, Erläuterungen, S. 63

28) Die nachfolgenden Zitate aus Zeitungen und Zeitschriften des Erscheinungsjahres 1930 sind aus: Werk und Wirkung Thomas Manns in unserer Epoche. Ein internationaler Dialog. darin: Dieter Wuckel: ‚Mario und der Zauberer' in der zeitgenössischen Presseresonanz, S. 348 ff. - Aus Gründen der Übersichtlichkeit verzichten die Quellenangaben zu den einzelnen Zitaten auf Artikelüberschriften und weitere Detailangaben.

Fritz Rostosky, Dir schöne Literatur, Nr. 7/ 31. Juli 1930:

„Müde - das ist der erste Eindruck. Nahezu das erste Drittel des Büchleins nimmt eine fade, lang hinschleppende Einleitung in Anspruch, die mit dem Thema, auch mit seinem Stimmungshintergrunde nur sehr wenig zu tun hat."

Werner Krug, Die Literatur, Nr. 12/32, September 1930:

„Die unbeantwortete Frage, warum man nicht abgereist sei, ... kann der gleichgesetzt werden, die man oft an Schopenhauer gerichtet hat, nämlich warum er nicht aus dieser mit Leiden angefüllten Welt freiwillig scheidet...."

Otto Fränkl, Das Goetheanum, Nr. 44/9, 2. November 1930:

„Diesmal ist es die Spannung zwischen dem Wesen deutscher und italienischer Seelenart, insbesondere aber deutscher und italienischer Sprache, die dem Erzähler die charakteristische Note gibt..."

Arthur Eloesser, Neue Rundschau, Nr. 11/41, November 1930:

„Ein peinigendes Kapitel von der menschlichen Willensfreiheit, ein Wachtraum von gespenstischer Überdeutlichkeit am Rande des Abgrunds, in dem unsere Schwäche sich eindunkelt...."

Peter Flamm, Berliner Tageblatt, Nr. 255/59, 1. Juni 1930:

„Thomas Mann, der Dichter dieses Logos .... hat hier sein ... charakteristischstes Werk vollendet, in Fortsetzung des Tonio Kröger nicht mehr der Bohème mit der guten Kinderstube, sondern der bürgerliche Mensch mit der Ablehnung und Angst und doch unfaßbaren Sehnsucht nach dem Chaotisch-Metaphysischen.

*

Freilich findet sich auch schon 1930/31 eine Reihe von Rezensenten, die ihre Aufmerksamkeit auf die Symbolik der Cipolla-Figur lenken und auf die Darstellung der italienischen Zeitverhältnisse, auf das Politische überhaupt in der Mario-Novelle.

Stefan Großmann, Das Tagebuch, Nr. 22/11, 31. Mai 1930:

„Das jähe Ende, es kann kein anderes geben, bestärkt den nachgenießenden Leser in dem Wissen, daß Mann als Erzähler immer auch Politiker ist. Man sieht, ‚Mario und der Zauberer' ist eine sehr spannende Sommernovelle, von jungen Damen auf dem Strande zu lesen. Aber auch Ministerpräsidenten sollten sie in den Ferienkoffer packen."

Julius Bab, Berliner Volks-Zeitung, Nr. 214/78, 8. Mai 1930:

„Es ist die Luft des faschistischen Italiens! Alles ist geschwängert von posierender Großartigkeit, nationalistischer Unduldsamkeit und einer tyrannischen Gewalttätigkeit...."

H. N. (Hans Natonek), Neue Leipziger Zeitung, 17. Mai 1930:

„Eine Fülle bezeichnender Worte, die bedeutsam blinzeln, weist die Experimente des italienischen Hypnotiseurs in eine allgemeine Sphäre. Keine Zweifel, Cipolla ist nur Vorwand, die Verzauberung durch den Faschismus durchblicken zu lassen..."

Bestätigt von den Zeitereignissen und beeinflußt von sich entsprechend wandelnden Bekundungen ihres Autors hat die Mario-Novelle ihren Ruf als Kunstwerk mit politischem Gehalt seit ihrem Erscheinen unzweifelbar befestigt.

3.2 Daten zur Werkgeschichte

1925/1926:

Herausbildung einer uneingeschränkten und offenen Diktatur des Faschismus in Italien

31. August - 13. September 1926:

Ferienaufenthalt von Thomas und Katja Mann mit den jüngsten Kindern Elisabeth und Michael in dem Badeort Forte dei Marmi in der mittelitalienischen Provinz Lucca. Erlebnis mit einem Zauberkünstler

29. Juli - 23. August 1929:

Ferienaufenthalt des Ehepaares Mann und der beiden jüngsten Kinder im Kurhaus von Rauschen, Samland. Arbeit an der Novelle , Mario und der Zauberer‘

12. November 1929:

Mittags erhält Thomas Mann das Telegramm mit der Mitteilung des Nobelpreis-Comités der Schwedischen Akademie, daß ihm der Nobelpreis für Literatur 1929 zuerkannt sei.

16. November 1929:

Nobelpreisfeier des Schutzverbandes deutscher Schriftsteller, Gruppe Bayern. Thomas Mann liest aus ‚Mario und der Zauberer‘

7. Dezember 1929:

Lesung im großen Konzertsaal der Berliner Hochschule für Musik aus ‚Mario und der Zauberer‘

10. Dezember 1929:

Überreichung der Nobelpreise im großen Saal des Stockholmer ‚Konserthuset‘ durch König Gustav V.

April 1930:

Die Novelle erscheint unter dem Titel ,Tragisches Reiseerlebnis' in ,Velhagens und Klasings Monatsheften'

Ende April 1930:

Von Hans Meid illustrierte Buchausgabe im Verlag S. Fischer mit 30 000 Exemplaren, Titel: ,Mario und der Zauberer. Ein tragisches Reiseerlebnis'.
Bei späteren Ausgaben entfällt der Untertitel.

3.3 Zur Handlungsstruktur

„Die Erinnerung an Torre di Venere ist atmosphärisch unangenehm" (S. 710) lautet der erste Satz der Novelle. Damit wird ihr Grundthema angeschlagen; denn was folgt, malt diese Atmosphäre und die ihr eigenen Unzuträglichkeiten aus bis hin zum letzen Satz, der gleichsam Bilanz zieht: „Ein Ende mit Schrecken, ein höchst fatales Ende. Und ein befreiendes Ende dennoch, - ich konnte und kann nicht umhin, es so zu empfinden!" (S. 765)
Dazwischen liegt die Geschichte des Aufenthalts in Torre di Venere, welchen der Erzähler nebst Gattin und zwei Kindern von August bis in den September hinein verlebt hat und an den er sich rückschauend erinnert.
Als man eintrifft, wird bald klar, daß man besser daran getan hätte, erst im September zu reisen. Das Seebad Torre kommt zunehmend in Mode. Entsprechend groß ist der Trubel am Strand. Das italienische Kontingent der Feriengäste - zumeist nach Habitus und Umgangston als der Mittelklasse zugehörig ausgewiesen - dominiert die Ausländer. Im Grand-Hotel gibt es die Folgen der unzulänglichen Terminwahl schon am ersten Tag zu spüren. Man läßt des Erzählers Familie - obwohl zu den Gästen des Hauses zählend - nicht in der bunt beleuchteten Veranda speisen. Als es dann auch noch massiven Ärger gibt mit

einer Dame aus italienischem Hochadel, die sich über den bedeutungslosen Rest eines abklingenden Keuchhustens beim Sohn des Erzählers unverhältnismäßig aufregt, ist der Umzug beschlossene Sache.
In der Pension ‚Eleonora', die von Signora Angiolieri betrieben wird, einer früheren Garderobiere der berühmten Tragödin Eleonora Duse, findet man alles zur Zufriedenheit, und die rechte Ferienfreude könnte nun einsetzen. Allein, dies will noch immer nicht gelingen.
Ein wenig hält noch der Ärger vor über die erlittene Ungerechtigkeit, hinzu kommt eine gnadenlose, infernalische Sonnenglut. Am ärgerlichsten freilich ist jene undefinierbare öffentliche Stimmung, die alle Zwanglosigkeit und Urlaubsleichtigkeit aus dem Strandleben vertreibt., „Man verstand bald, daß Politisches umging, die Idee der Nation im Spiele war (S. 718). Krampfhaft zur Schau gestellte Würde und überzogene nationale Haltung beherrschen die Lebensäußerungen der Erwachsenen und dringen sogar - was schlimmer ist - ein in die Spielwelt der Kinder, die zum Austragungsfeld chauvinistischer Streitereien wird. Auch des Erzählers Kinder haben darunter zu leiden. Der Gipfel des Ärgerlich-Absurden wird erreicht, als die unschuldige Nacktheit der achtjährigen Tochter, die ihren Badeanzug vom anhaftenden Sand freispült, einen Konflikt mit italienischen Kleinbürgern heraufbeschwört, der bis zur Auferlegung eines polizeiamtlichen Bußgeldes eskaliert.
Bei soviel Mißhelligkeiten hätte es nahegelegen, die Heimreise anzutreten. Aber neben einer gewissen Ferienträgheit und dem Widerwillen, als Unterlegener zu weichen, wirkt auch der Reiz des Merkwürdigen, das in der Situation liegt. Man entschließt sich also zu bleiben, zumal die einsetzende Nachsaison für die Abreise vieler Italiener und damit auch für erträglichere Aufenhaltsbedingungen sorgt. So sind die Weichen in Richtung auf das Cipolla-Erlebnis gestellt.
Als Taschenspieler und Zauberkünstler Cavaliere Cipolla kündigt dieser seinen Auftritt im Ferienort an. Kein Wunder,

daß die Kinder des Erzählers von der Aussicht auf ein solches Erlebnis begeistert sind.
So gibt man trotz der spätabendlichen Vorstellungszeit ihrem Drängen nach, beschwichtigt die elterlichen Bedenken und erwirbt in Erwartung einer bescheidenen Urlaubszerstreuung vier Eintrittskarten.
Im Veranstaltungssaal findet sich auf den Stehplätzen viel junges Volk von Torre di Venere, Fischer, der Bootsvermieter, und auch Mario ist da, der Kellner vom ‚Esquisito'. Mit erheblicher Verspätung, herausgeklatscht und - gerufen vom Publikum, betritt Cipolla die Bühne.
Sehr bald zeigt sich, daß er nichts weniger ist als ein Zauberer und Taschenspieler, dafür aber ein Hypnotiseur der Sonderklasse. Ein vorlauter junger Bursche wird dazu gebracht, dem Publikum „angestrengt überlang" (S. 730) die Zunge herauszustrecken. später wird ihm eine Leibeskolik suggeriert.
Das Programm beginnt mit arithmetischen Kunststücken, die unter einer Conférende des Künstlers ablaufen, die sorgsam gemischt ist aus „Patriotismus" und „reizbarer Würde" (S. 741), und deren verblüffende Effekte ihre eigentliche Erklärung auch im Phänomen des Suggerierten finden, wie der Künstler schließlich selbst enthüllt. Bei den folgenden Kartentricks kommt es zu einem kleinen Willensduell mit einem jungen Herrn aus dem Publikum, das Cipolla souverän für sich entscheidet. Die von dem Künstler ausgehende Kälte und Menschenverachtung läßt Sympathie zwischen ihm und dem Publikum nicht aufkommen.
Eher liegt eine deutlich spürbare Antipathie gegen ihn über der Szene. Aber die „Anerkennung einer Berufstüchtigkeit, die niemand leugnete", (S. 743) erlaubt nicht den offenen Ausbruch des Unmuts. Kognak, Zigaretten und Reitpeitsche sind die offenbar unerläßlichen Attribute erfolgreicher Publikumsbeeinflussung - zur Selbststimulierung und zu derjenigen der Zuschauer.

Nach den Kartenkunststücken folgen solche, die auf Intuition und Gedankenübertragung beruhen, das Auffinden versteckter Gegenstände, das Ausführen bestimmter Handlungen. Der Beifall im Saal erreicht einen Höhepunkt, als Cipolla das Verhältnis der Signora Angiolieri bezeichnet, welches diese einst mit der Duse verbunden hat. Da freilich jedermann im Saal darüber Bescheid weiß, liegt die Vermutung nahe, Cipolla habe sich beizeiten, gleich nach seiner Ankunft im Ort kundig gemacht.
In der anschließenden Pause findet man nicht die Kraft, um die soeben aus kurzem Zwischenschlummer erwachten Kinder zum Nachhausegehen zu bewegen. Um keinen Preis wollen sie den Fortgang der Unterhaltung versäumen. Der Erzähler gesteht sich ein, daß auch hier wieder der Reiz des Merkwürdigen seine bannende Wirkung ausübt. Kurzum - man bleibt.
Der zweite Teil der Vorstellung ist „ganz offen und ausschließlich auf den Spezialversuch, die Demonstration der Willensentziehung und - aufnötigung“ (S. 750) gerichtet: ein junger Mensch wird zur Sitzbank, eine ältere Dame fabuliert im Hypnoseschlaf von Reiseeindrücken aus Indien, ein militärisch wirkender Herr kann den Arm nicht mehr heben, Frau Angioliere folgt dem Hypnotiseur in willenlosem Zustand, junge Leute aus dem Publikum beginnen nach seinem Willen zu tanzen, schließlich, nach neuerlichem Willensduell tanzt auch der fest zum Widerstand entschlossene Herr aus Rom. Er gibt damit das Zeichen für eine auch im Publikum um sich greifende Tanzlust. Einmal mehr hat der Erzähler Grund zu bedauern, daß er mit den Kindern noch im Saale weilt, obwohl diese sich in aller Unschuld königlich amüsieren.
Auf dem Höhepunkt seines Erfolgs winkt der Gaukler den Kellner Mario zu sich, offenbar in der Absicht, mit dem folgenden Experiment den Abend zu krönen. In einem kurzen Gespräch offenbart sich Marios Liebeskummer mit dem Mädchen Silvestra. Der verwachsene Hypnotiseur versetzt den Kellner in Trance, in die Illusion, vor ihm stehe

die hingabebereite Geliebte. Er treibt das Spiel mit der Entwürdigung soweit, sich von Mario auf die Wange küssen zu lassen, bevor er ihm mit einem Pfeifen der Reitpeitsche jäh aus der Hypnose weckt.
Mit entsetztem Ekel begreift der Erwachte seine Lage. Er stürzt von der Bühne , dreht sich im Laufen um und erschießt Cipolla mit zwei Schüssen aus einer mitgeführten Kleinwaffe.
Im losbrechenden Tumult verläßt die Familie des Erzählers den Schauplatz des Geschehens.

3.4 Symbolhafte Überhöhung des Privaten

Über Heinrich Manns ‚Untertan' befindet der französische Germanist André Banuls: „Die Hitlerzeit sorgte freilich dafür, daß das Buch eine Prophetie wurde...."[29] Heinrich Mann selbst erklärt als Zweiundsiebzigjähriger in seiner Autobiographie ‚Ein Zeitalter wird besichtigt', daß im ‚Untertan' der Faschismus schon nah und unausweislich erscheine, wenn man die Gestalt des Diederich Heßling nachträglich betrachte. Gefehlt habe ihm seinerzeit „von dem ungeborenen Faschismus der Begriff, und nur die Anschauung nicht (GW 24, S. 187)."[30]
Zwischen dem Entstehen des Heßling-Romans 1914 und den Mario-Erlebnissen Thomas Manns liegen ein Jahrzwölft und ein verheerender Weltkrieg. Weitere drei Jahre fortschreitender Faschisierungstendenzen müssen bis zur Textfassung der Erlebnisse hinzugerechnet werden. Nicht nur der formale Ansatzpunkt einer thematischen Verwandtschaft regt diesen Bezug an. Vielmehr läßt er die Rapidität der Entwicklung ansichtig werden, welche den Zeitraum zwischen beiden Dichtungen prägt. Aus dem Erahnten war inzwischen in einem der kulturellen Kernländer Europas - Italien - die herrschende Staatsdoktorin

29) André Banuls, Heinrich Mann, S. 104
30) vgl. Paintner, Erläuterungen zu Heinrich Mann. Der Untertan, S, 73

geworden. Die „Anschauung“ der Untertan-Periode hatte auch im Sprachraum beider Dichter-Brüder ihre begrifflichen Fassungen gefunden, sei es im ‚Völkischen Beobachter‘, sei es im ersten Teil von Hitlers ‚Mein Kampf‘, den er in der Landsberger Haft 1924 zu Papier brachte, sei es auch in den Reichstags-Auftritten der NSDAP-Abgeordneten, oder - um es nicht unerwähnt zu lassen - in Rosenbergs ‚Der Mythus des 20. Jahrhunderts‘, jenem rassenfanatischen „Aktionsprogramm der nationalen und sozialen Demagogie“.[31)]

Wie schon beim ‚Untertan‘ provozierten die Erscheinungen der Zeit auch bei der Mario-Erzählung einen Akt der Prophetie: Hatte Heinrich Mann das Heraufkommen von Krieg und Faschismus ahnungsvoll vorweggenommen, tat es Thomas Mann mit dem gewaltsamen Ende des Faschismus. Aus der Rückschauperspektive erlebter Zeit besitzt die Pointe der Novelle einen antizipatorischen Gehalt von verblüffender Eindringlichkeit.

Die gesellschaftsrelevante Botschaft der Erzählung hüllt sich in das Gewand eines fast beiläufig wirkenden privaten Reiseberichts , der viele kleine Mißhelligkeiten gewissermaßen zu einer grundsätzlichen vereinigt. Sie enthüllt ihren weit über das Private hinausweisenden Wesenskern erst im Augenblick der tödlichen Schüsse völlig.

Diese werden zwar literarisch abgefeuert im faschistischen Italien des Jahres 1926; Wirkung und Widerhall sollen aber eintreten im Weimarer Deutschland um die Wende des Jahrzehnts.

Das Italien Mussolinis entwickelte sich in den Jahren 1925 und 1926 „zu einer uneingeschränkten und offenen Diktatur. Die Freiheit der Presse verschwand. Die Überbleibsel parlamentarischer Einflußmöglichkeit wurden aus der Welt geschafft .... Ein ‚Sondergericht zum Schutze des Staates‘ nahm Anfang 1927 seine Tätigkeit auf, und die Vollmachten der Polizei wurden vergrößert .... Die Polizei konnte die Bewegungsfreiheit, die freie Wahl des Wohnsitzes und der

---

31) Lukacs, Die Zerstörung der Vernunft, S. 578

Beschäftigung eines jeden, der einer antifaschistischen Haltung verdächtig war, einschränken und bis zu fünf Jahren Confino über ihn verhängen, was Deportation auf Inseln oder in abgelegene Dörfer bedeutete."[32]

So entsteht jener Nährboden, aus dem das Denunziantentum kriecht, aus dem das Heraufkommen der Minderwertigen wächst. Es bereitet sich die öffentliche Stimmung für vulgären Hurra-Patriotismus, für politische Mimikry als Ausdruck der Existenzangst, für plakative Anpassung, aber auch für die Teilhabe an der Macht durch bislang Ausgeschlossene, für ausgelebten Sozialneid von Unterprivilegierten, für den Triumph des Schlagwortes über den menschlichen Intellekt. Es entsteht - mit einem Wort - jener gesellschaftliche Zustand, dessen Symptome in ‚Mario und der Zauberer' auf so treffende Weise gestaltet sind, unverkennbar in der Absicht, zu warnen vor einer Entwicklung, die noch aufhaltsam erscheint: „Der Dichter hält seinen Lesern das italienische Beispiel vor Augen im Vertrauen darauf, daß die Kräfte des überkommenen bürgerlichen Humanismus noch stark genug seien, Deutschland vor dem Irrtum und Irrweg zu bewahren."[33]

Aber es gab Einflüsse, gegen die kulturelle Selbstbesinnung zur Ohnmacht verurteilt blieb: die Zukunftsangst des Volkes nach dem Young-Plan von 1929, die beginnende Weltwirtschaftskrise 1930, das anschwellende Heer der Arbeitslosen und Deklassierten. Bei den Reichstagswahlen am 14. September 1930 gewann die NSDAP 18,3% der Stimmen und wurde mit 107 Mandaten nach der SPD zweitstärkste Fraktion im Deutschen Reichstag.

„Diese Wahl sollte für die weitere innenpolitische Entwicklung in Deutschland von grundsätzlicher Bedeutung werden. Mit einem Male waren jetzt nämlich die Nationalsozialisten auf der politischen Bühne salonfähig geworden; an der zweitstärksten Reichstagspartei konnte niemand mehr vorbeischauen, die politischen Entscheidungen im Reich konn-

---

32) Parker, Fischer-Weltgeschichte, Band 34, S. 155
33) Paintner, Erläuterungen, S. 79

ten nicht mehr an der NSDAP vorbei getroffen werden."[34] Thomas Mann kommentierte das Ergebnis: „...wäre das Maß von Radikalisierung ... nur eine Folge wirtschaftlicher Depression, so wäre damit allenfalls ein Anwachsen des Kommunismus, aber nicht der Massenzulauf zu einer Partei erklärt, die auf die militanteste und schreiend wirksame Weise die nationale Idee mit der sozialen zu verbinden scheint. (GW XII 537)"[35] Hier artikuliert sich die Unruhe, welche den Kundigen befällt. Der Dichter hat Auswüchse des Nationalismus in Italien erlebt. Selbstzeugnisse aus jenen Jahren, die sich direkt oder mittelbar auf das Konfliktgefüge der Mario-Novelle beziehen, lassen einsichtig werden, wie stark ihn der Augenschein des italienischen Faschismus beschäftigte.

So stellt eine 1928 erschienene Rezension von Franks ‚Politischer Novelle' die folgende Frage: „Ist diese bedrohliche narkotische Aufpulverung eines gesunden, naiven und liebenswürdigen Volkes, diese Marktschreierei von Würde, Moralität und Vorrang, diese brutale und falsch revolutionäre Verleugnung europäischer Eigen- und Errungenschaften, die auf die Dauer doch unveräußerlich sind, ist all diese Gewaltsamkeit und sich übernehmende Unnatur, diese Selbstberäucherung und Eisenfresserei, dies ganz unangenehme und kompromittierende Theater unumgänglich, um jene Arbeitsverfassung zu erzielen, sich tüchtig zu machen für die Zeit?"[36] Kundige Leser werden unschwer den Themenkreis der Strandszenen im ‚Mario' wiedererkennen.

Am 16. Mai 1929 hörten Münchner Studenten die Rede über ‚Reaktion und Fortschritt': „Das niederschlagende Schauspiel ist uns nicht mehr ungewohnt, daß junge Körper greisenhafte Ideen tragen, sie in keckem Geschwindschritt, Jugendlieder auf den Lippen, den Arm zum römischen Gruß erhoben, dahertragen und den schönen Schwung ihrer Seele daran verschwenden."[37]

34) Beiersdorf, Zur Geschichte des 3. Reiches, S. 20
35) Madl, Thomas Manns Humanismus, S. 87
36) Matter, Die Erzählungen, S 516
37) Mayer, Thomas Mann. Werk und Entwicklung, S. 193

Unter dem Datum vom 12. Juni 1930 heißt es in einem Brief an Otto Hoerth: „Etwas Kritisch-Ideelles, Moralisch-Politisches ist mir freilich im Lauf der Erzählung aus dem Privaten und zunächst Unbedeutenden erwachsen, was eine bestimmte Abneigung erkennen läßt und der anfangs nur irritierenden Atmosphäre zuletzt den unheimlichen und explosiven Charakter gibt.“[38)]

Unter dem 15. April 1932 ist der Brief an B. Fucik geschrieben: „Was ‚Mario und der Zauberer betrifft, so sehe ich es nicht gern, wenn man diese Erzählung als eine politische Satire betrachtet.

Man weist ihr damit eine Sphäre an, in der sie allenfalls mit einem kleinen Teil ihres Wesens beheimatet ist. Ich will nicht leugnen, daß kleine politische Glanzlichter und Anspielungen aktueller Art darin angebracht sind, aber das Politische ist ein weiter Begriff, der ohne scharfe Grenze ins Problem und Gebiet des Ethischen übergeht, und ich möchte die Bedeutung der kleinen Geschichte, vom Künstlerischen abgesehen, doch lieber im Ethischen als im Politischen sehen.“[39)]

Im amerikanischen Exil, unter dem Eindruck der faschistischen Realität im deutschen Vaterland, erfährt die Novelle freilich eine weniger gedämpfte Akzentuation: „Und so entstand die Erzählung ...... von dem Hypnotiseur, den sein Opfer zuletzt erschießt. Die politisch-moralistische Anspielung, in Worten nirgends ausgesprochen, wurde damals in Deutschland, lange vor 1933, recht wohl verstanden, mit Sympathie oder Ärger verstanden: die Warnung vor der Vergewaltigung durch das diktatorische Wesen, die in der menschlichen Befreiungskatastrophe des Schlusses überwunden und zu nichts wird.“[40)] heißt es im englischsprachigen Vortrag „On Myself“ vor Studenten der Universität Princeton im Mai 1940.

38) Briefe 1889 - 1936, S. 112
39) Matter, Die Erzählungen, S. 517
40) Wysling, Thomas-Mann-Studien. Dritter Band. On Myself, S. 70 - 100

Nach dem Kriege, 1948, in der ‚Sechzehn Jahre' betitelten Vorrede zur amerikanischen Ausgabe des Joseph-Romans, erschienen in der Märznummer der ‚Neuen Schweizer Rundschau', wird ‚Mario und der Zauberer' charakterisiert als „eine stark ins Politische hinüberspielende Geschichte, die mit der Psychologie des Faschismus - und derjenigen der ‚Freiheit', ihrer Willenslehre, die sie gegen den robusten Willen des Gegners so sehr in Nachteil setzt, innerlich beschäftigt ist."[41)]

Hans Mayer weist der Novelle einen Platz an in Thomas Manns literarischer Entwicklung zwischen ‚Zauberberg' (1924) und dem ersten Band der Josephsgeschichte (1935). Unschwer seien „durchlaufende Lebensmotive und Themen wiederzufinden" wie das „Thema des verwirrten Gefühls" oder der „Konflikt zwischen Leib und Seele"[42)]

Er warnt davon, „der privaten Beiläufigkeit des Tonfalls" zuviel Vertrauen zu schenken, denn auch hier, wo Familiäres in Rede stehe, gehe es dem Dichter „um ein Ausbrechen aus der Bürgerlichkeit, um symbolhafte Überhöhung des scheinbar höchst Privaten." [43)]

Mayer erkennt eine allgemeine Fragestellung in der Erzählung: „Wo das Gefühl verwirrt, wo dem Menschen die freie Bewußtseinsentscheidung genommen wurde, ist seine Menschlichkeit verraten und preisgegeben. In der Möglichkeit solcher Vorgänge liegt eine stetige Bedrohung der Humanität."[44)] Und er bringt sie auf den Punkt: Cipolla blende die Geister und verwirre die Gefühle. Ein „Verzauberer" sei er, vor allem aber auch ein Faschist: „In kunstvoller Verknüpfung vermag Thomas Mann abermals die Beziehung herzustellen zwischen dem Umkreis des Geschehens der Geschichte an sich und ihrer symbolhaltigen Deutung."[45)]

---

41) Matter, Die Erzählungen, S. 518
42) Mayer, Thomas Mann. Werk und Entwicklung, S. 186
43) ebenda, S. 186
44) ebenda, S. 188
45) ebenda, S. 188

Gleichsam flankiert wird diese These von Georg Lukacs' Aufsatz ‚Der letzte große Vertreter des kritischen Realismus', in dem sich die nachstehende Rückbesinnung findet: „Die Wehrlosigkeit gegen die Mächte der Finsternis hat Thomas Mann schon früher erkannt und im ‚Tod in Venedig' ergreifend ironisch geschildert. Wenige Jahre vor der Machtergreifung Hitlers nimmt Thomas Mann das Thema wieder auf und gibt ihm eine großartige allgemeine Fassung in der Novelle ‚Mario und der Zauberer'".[46)]

Um in das Beziehungsgeflecht zwischen Privatem und Symbolhaftem einzudringen, bedarf es differenzierter Fragestellungen nach Titelgestalt und Erzähler, nach Erzählaufbau und einzelnen Motiven. Diejenige nach dem tragenden Grundmotiv der Novelle, nach der „Unordnung" und ihrer symbolhaft-gesellschaftlichen Relevanz erscheint für die Wegbereitung zu den Details von besonderem Gewicht.

Auch mit der vorangegangenen Novelle ‚Unordnung und frühes Leid', geschrieben im Frühjahr 1925, hatte Thomas Mann die Verwirrungen eines gesellschaftlichen Zustands - „die oft grotesken Nöte der deutschen Nachkriegs- und Inflationsperiode" (On Myself) - in den privaten Rahmen der dritten seiner „häuslichen" Erzählungen hineinwehen lassen. Nun, in der Zauberer-Geschichte, erreicht das „Unordnung" Motiv vertiefte Sinngehalte, befestigt es die Grundstimmung des Erzählganzen.

Es zeigt sich in dieser Hinsicht eine Parallele zwischen Motivischem und Privatem. Waren in der vorangegangenen Kindernovelle noch Versatzstücke familiärer Verfremdung bemüht worden - vom Historiker Professor Doktor Cornelius wird erzählt und den Kindern Ingrid, Bert, Lorchen und Reißer, unschwer zu identifizieren als die Mann-Kinder Erika, Klaus, Elisabeth und Michael - fehlt solches Blendwerk im ‚Mario' völlig, was Thieberger zu der Feststellung veranlaßt: „Was immer man hier und dort an Ansichten und Empfehlungen Thomas Manns aus seinen

---

46) Lukacs, Thomas Mann, S. 193

dichterischen Werken herauszulesen versuchte - (...) - am stärksten fand man den Autor in ‚Mario und der Zauberer' engagiert."[47]

Eine Erinnerung wird mit dem ersten Satz der Novelle angekündigt, die „atmosphärisch unangenehm" sei. Da sich diese Feststellung auf die gesamte Erzählung bezieht, denn es wird ausschließlich Erinnertes dargeboten, erfährt bereits hier das „Unordnungs"-Motiv eine synonymische Ausprägung. Die antizipierende Einleitung unterstützt schon vom Wortmaterial den Charakter des Mißhelligen und damit die Aussage des Eröffnungssatzes. Von 123 Wörtern dieses Abschnitts tragen 17 eine drastisch negative Bedeutung, die zumeist auf psychische Abläufe zielt: unangenehm, Ärger, Gereiztheit, Überspannung, Choc, schrecklich, Bösartige, verhängnishaft, bedrohlich, Schrekken, traurige, Mißverständnis, Ungehörigkeit, verschuldet, Vorspiegelung, Katastrophe, Wahn. Bedeutungsabschattungen durch Attribute bleiben hier vernachlässigt.

Der breit angelegte, in der Hauptsache deskriptive Hinführungsteil, zeitlich ausgedehnt bis zur Pause in Cipollas Programm, stattet die Erzählung mit einer ganzen Liste von „Unordnung" artikulierenden Normabweichungen aus, die entweder im Widerspruch stehen zu den Erwartungen des Erzählers oder zur gesellschaftlichen Konvention und so bestimmte Aktivitäten der Erzählerfamilie auslösen, die ihrerseits vom Üblichen abweichen, dabei jedoch im Erzählverlauf retardierende Elemente darstellen:

- Torre di Venera zeigt sich überlaufen
- Lärm am Strand, Gedränge im Hotel
- Benachteiligung im Hotel
- Intervention der Fürstin

Umzug in die Pension Eleonora

47) Thieberger, in: Werk und Wirkung Thomas Manns ..., S. 210

- Ärger über das Erlebte wirkt weiter
- unmäßige Sonnenglut
- „bürgerliches Kroppzeug“ am Strand
- „öffentliche Stimmung“ verleidet den Aufenthalt
- politischer Streit im Kinderspiel
- „etwas wie eine Krankheit“ beherrscht das italienische Publikum
- ein „Herr im städtischen Schniepel“ veranlaßt patriotische Aufregung und Bußgeld wegen der Nacktheit der achtjährigen Tochter des Erzählers

Die Familie reist angesichts der beginnenden Nachsaison nicht ab.

- Wetterumschlag mit Sciroccoschwüle und Regen
- Quallenplage
- bedenklich späte Anfangszeit der Cipolla-Vorstellung angekündigt

Besuch der Vorführung mit den Kindern aus „Zerstreuungsbedürfnis“

- der Saal erweist sich als Bretterbude
- „mit Erwartung hektisch gemischte Müdigkeit“ der Kinder
- Nervosität wegen des verspäteten Beginns
- Unbehagen angesichts der Erscheinung und der Darbietung Cipollas
- seine Überlegenheit erscheint in „unheimlichen Licht“
- „kriegerische Reizung“ geht von der Szene aus
- „beklemmende Mischung“ von „ Patriotismus und reizbarer Würde“

Die Familie bleibt über die Pause hinaus in der Vorstellung trotz der späten Stunde.

Der Erzähler liefert die Begründung für diese Ungewöhnlichkeit: „Dieser Saal bildete den Sammelpunkt aller Merkwürdigkeit, Nichtgeheuerlichkeit und Gespanntheit, womit uns die Atmosphäre des Aufenthaltes geladen schien..." (S. 749)

Im folgenden zweiten Teil der Vorstellung, der um Mitternacht noch im vollen Gange ist, eskaliert das Menschenverachtende in Cipollas Darbietungen immer mehr. Aus dem Mißverhältnis zwischen dem Charakter des Dargebotenen und der Anwesenheit der Kinder des Erzählers resultiert die überaus dichte Grundbestimmung permanenten Mißbehagens: „In nicht geringem Grade wirkt die Ausstrahlung des Zauberers, wirken seine hypnotischen Machtproben daran mit. Je zynischer sie werden, je menschenverachtender, desto lastender verdichtet sich das Unbehagen des Erzählers, der sich dennoch der Situation nicht zu entziehen vermag, bis es schließlich zu dem angekündigten „Ende mit Schrecken" kommt. Der erniedrigte Mario tätet den Hypnotiseur mit zwei Schüssen - und der Erzähler atmet befreit auf. Zum erstenmal im Verlaufe der Handlung weicht permanente Bedrückung einer echten Erleichterung. Dies ist die kompositorische Pointe der Novelle."[48]

Das mit der Einleitungsfloskel ausgebreitete atmosphärische Unangenehme weicht tatsächlich erst mit dem allerletzten Satz, wodurch diese beiden syntaktischen Gebilde sich in einer Klammerfunktion vereinen.

Als tragendes Grundmotiv der Mario-Erzählung erweist sich durch den Erzähler reflektiertes Mißbehagen, das erkennbar aus einem Gesellschaftszustand erwächst. Das private Erleben wird zum Symbol für öffentliche Bedrohung und damit zur „Warnung vor der Vergewaltigung durch das diktatorische Wesen" (On Myself).

---

48) Paintner, Erläuterungen, S. 72

3.5 Der Gaukler Cipolla

Die Mario-Erzählung eröffnete mit einer Reihe von Konfrontationen, welche den Erzähler durch das italienische Sozialpanorama der frühfaschistischen Jahre führt. Das beginnt mit einer Dame aus römischen Hochadel, der Principe X, einer Fürstin mithin, die das auch unter Mussolini ungebrochene Ansehen ihrer Kaste wider den Erzähler ins Feld führt. Daß Thomas Mann sich hier in Übereinstimmung mit der historischen Wahrheit befindet, bestätigt eine Äußerung Hitlers vom 31. Januar 1942, der sich an einen früheren Italien-Aufenthalt erinnert: „Begrüßt wurde ich am Bahnhof vom Herzog von Pistoja, absolut dekadent, ein richtiges Würstchen, der nächste auch ein Herzog, ebenso! (...) Bei Tisch aber wieder nur lauter Hofschranzen, während ich doch gern die Marschälle kennengelernt hätte. Auch bei der Parade in Rom: Vorn eine Flucht von lauter grauen, ganz alten Wachteln - hinten standen die Generale! - vertrocknet, verdorrt, jede tief dekolletiert und ein Kruzifix zwischen den welken Brüsten. Warum soviel Armseligkeit preisgeben! Das Traurige ist, daß der Duce seiner Bache da etwas untreu werden mußte. Er lädt sich die Adelskreise ein ...“[49)]

Die weiteren Konfrontationen vollziehen sich in einer Art gesellschaftlichen Abstiegs von Stufe zu Stufe: der byzantinistische „Gehrockmanager“ des Hotels, die bürgerliche Frau mit dem durchdringenden „Fuggiero“-Ruf, ihr boshafter Jammerlappen von Sohn mit dem politisch-frühreifen Gehabe, der Herr im Schniepel[50)], offenbar Vertreter einer Spezies, die von Hitler im vorerwähnten Zusammenhang als „der widerwärtige italienische Typ“[51)] charakterisiert

49) Der Spiegel, 13/1980, darin: Feldherr bin ich wider Willen. Adolf Hitlers Monologe im Führerhauptquartier, S. 186

50) Schniepel ist eigentlich die Verballhornung des Begriffs Frack.
Hier meint der Autor offenkundig Gehrock und spielt damit an auf die Frühzeit der faschistischen Herrschaft, da Mussolini eine betont würdevolle Gewandung kreierte, die man auch in der allergrößten Hitze nicht ablegte, meist war es der Gehrock zu dem auch Gamaschen getragen wurden. Dies dauerte, bis Mussolini entschied, einzig die Uniform sei das geeignete Gewand für Diktator und Gefolgschaft.

51) Der Spiegel, 13/1980, S. 184

worden ist, und endlich die Vertreter der Munizipalmacht, die 50 Lire Bußgeld für den „beleidigenden Mißbrauch der Gastfreundschaft Italiens“ durch einen entblößten Kinderkörper in Anschlag bringen.
Diese Vertreter von Hochadel, Geschäfts- und Kleinbürgertum, Lumpenproletariat und Dienerschaft der Macht säumen den Weg hin zu der Begegnung, die eigentlich bedeutsam den Erzähler mit dem „Zauberer“ Cipolla konfrontiert, jenem verwachsenen Gaukler, in dessen bizarrer Persönlichkeit sich Wesenszüge ganz unterschiedlicher Sozialformationen zu mischen scheinen: Arroganz und Menschenverachtung, Verliebtheit in den Erfolg, unbestreitbare Tüchtigkeit bei der Ausübung seines Berufs, Neid und Mißgunst, Anbetung der Macht.
Die Faszination der Cipolla-Gestalt speist sich aus differenten Quellen. Da ist zunächst der Ruch von Unseriosität, der den Hypnotiseur vom ersten Augenblick an umgibt, weil er unter der harmlos-falschen Flagge eines Taschenspielers reist. Da ist das Ungewöhnliche seiner Erscheinung, die mit Gesäßbuckel und Schärpe, Roué-Visage und Faschisten-Gehrock, Zylinder und Reitpeitsche jenen „Gesamthabitus“ erlangt, der den Eindruck „reklamehafter und phantastischer Narretei“ bewirkt.
Vor allem aber bezieht der Krüppel seine Wirkungen aus einem grotesken Anspruch auf absolute Respektierung seiner Würde und auf strenge Ernsthaftigkeit im Saale. Ein solches Ansinnen gegenüber amüsierwilligem Publikum müßte unfehlbar ins Leere fallen, in Gelächter untergehen, wäre es nicht durch die Eigenart des Dargebotenen fundiert: Cipolla sucht als Hypnotiseur seinesgleichen; er beherrscht alle Tricks seines Handwerks perfekt - die Zahlenspiele zeigen es ebenso wie die Angiolieri-Szene - und er ist ein eleganter Redner ganz nach dem Geschmack südländischer Zuhörerschaft.
Wenn dennoch Opposition aufkommt, eine Art Kampf entbrennt zwischen dem Gaukler und den Umgaukelten, so liegt das daran, daß sich auch hier im Saal jenes

„Politische“ breitmacht, was der Erzählerfamilie schon den Strandaufenthalt verleidet hatte. Es ist beileibe kein Zufall, daß die Opponenten in der „populären Sphäre“ des Saales zu suchen sind, weiß doch der Zauberer - auch darin politisch - sehr wohl, zwischen diesem und dem vornehmeren Teil seines Publikums zu unterscheiden. Das Politische drückt sich aus in seinen Tiraden, wenn er den Bruder des Duce als Referenz anführt, vom „Krieg für die Größe des Vaterlandes“ spricht und im Namen eben dieser Größe jeden Rest von Analphabetismus außer Landes prahlt, wenn er eine regelrechte Philosophie des Führertums an der Wechselwirkung zwischen Befehlen und Gehorchen festmacht und in vollendeter Scharlatanerie eine nationale Beifallskundgebung hervorlockt, den Namen der Duse mißbrauchend.
Der Faschismus erfährt symbolhafte Entlarvung durch die menschenverachtende Eigenart der hypnotischen Nötigungen, die von dem Krüppel ausgehen: die herausblekkende Zunge, eine angehexte Leibeskolik, lächerliche Indienträume, der Mensch als Sitzbank.
Einige der hypnotischen Leistungen Cipollas erscheinen durch den Umfang ihrer Darstellung im Handlungsrahmen deutlich aufgewertet. Mit ihnen erfahren Wesenszüge des Faschismus eine symbolhafte Beleuchtung, die ironischer Elemente nicht enträt.
So liegt angesichts des militärisch anssehenden Herrn, der plötzlich den Arm trotz äußerster Willensanstrengung nicht mehr zu heben vermag, der Gedanke an einen ironischen Seitenhieb auf faschistisches Grußgebaren nicht fern.
Auch darf es als ein treffendes Sinnbild für Volksverführbarkeit gelten, wenn die gänzlich willenlose Signora Angiolieri „mondsüchtigen“ Gesichtsausdrucks dem winkenden Zauberer nachfolgt, die kläglich-wirkungslosen Rufe des blamierten Ehegemahls im Rücken. Später erfährt diese frühe Vision Thomas Manns ihre abscheuliche Rechtfertigung, wie man weiß, in gläubig-fanatischer Vergötzung, die Hitler von nicht wenigen Frauen entgegengebracht worden ist.

Zu einer Demonstration entwürdigender Desindividualisierung gerät der Gruppentanz junger Zuschauer, der die „trunkene Auflösung der kritischen Widerstände" befördert. Was Cipolla hier symbolhaft im Kleinen vorführt, definiert Goebbels 1933 als Aufgabe des Massenmediums Rundfunk, nämlich die Deutschen „innerlich (zu) durchtränken mit dem geistigen Inhalt unserer Zeit, daß überhaupt niemand mehr ausbrechen kann".[52]
Um eben dieses „Ausbrechen" aus der Gemeinschaft der Willenlosen und willenlos Gemachten geht es dem jungen Herrn aus Rom. Er ist fest entschlossen, seinen Willen gegen den des Hypnotiseurs zu kehren und n i c h t zu tanzen. Nach langem Kämpfen tanzt er doch. Der Erzähler reflektiert: „Verstand ich den Vorgang recht, so unterlag dieser Herr der Negativität seiner Kampfposition. Wahrscheinlich kann man vom Nichtwollen seelisch nicht leben; eine Sache nicht tun wollen und überhaupt nicht mehr wollen, also das Geforderte dennoch tun, das liegt vielleicht zu benachbart, als daß nicht die Freiheitsidee dazwischen ins Gedränge geraten müßte..." (S. 756). Diese Betrachtung steht im gedanklichen Zentrum der Novelle, ist doch notwendigerweise die Warnung vor einer Gefahr immer auch gerichtet auf das Auslösen von geeigneten Aktivitäten zu deren Abwendung. So müssen wir die Episode um den Römer im Kontext sehen zur Befreiungstat Marios, die schließlich den Bann der Suggestion bricht und damit auch die Niederlage des römischen Herrn aufhebt. Beide - der intellektuell Vorbereitete und der spontan Handelnde - personifizieren unterschiedliche Konsequenzen, die sich aus der Warnung ergeben, welche die Novelle ausspricht. Dieser Zusammenhang wird von der Sekundärliteratur hervorgehoben und einhellig gewertet, wie einige ausgewählte Kernsätze verdeutlichen mögen:
„So wird denn der individuellen Tat Marios eindeutig der Vorzug gegeben vor dem intellektuell motivierten ‚Nichttun' des Herrn aus Rom".[53] (Paintner)

52) Heiber (Hg.), Goebbels Reden I, S. 89
53) Paintner, Erläuterungen, S. 73

„ - unter Umständen ist es die Vergewaltigung seiner selbst, was man ‚Freiheit' nennt. Der Wille existiert und die Freiheit existiert, aber die Willensfreiheit existiert nicht, so lehrt der Gaukler und Exponent der totalitären Weltanschauung Cipolla".[54] (Stresau)
„Den verlogenen faschistischen Pseudoidealen muß man echte, gutfundierte Ideale entgegenhalten, wenn wir wirklich wollen, daß die gute Sache siegt".[55] (Lukacs)
„Die Freiheit des Nichtwollens bleibt leer und abstrakt, wenn sie sich nicht mit realen Inhalten verbunden weiß".[56] (Mayer)
„Der Kampf kann nur von einer klaren Zukunftsposition aus erfolgreich sein."[57] (Diersen)
„Der Herr aus Rom .... Weiß nicht, was bejahenswert ist, wofür er kämpfen soll".[58] (Hilscher)
„Es liegt auf der Hand, daß diese Darstellung und Deutung der ersten Reaktion des Publikums als Anspielung auf die politische Naivität der breiten Masse gegenüber demagogischen Verführungskünsten des Faschismus ...... zu gelten hat".[59] (Zimmermann)
„Schon 1930 ahnte Mann, daß die einzige praktische, erlösende Antwort auf diese überaus geschickte, unwiderstehlich scheinende Kollektivisierung die Waffe ist, der Schuß gegen die Kanzel sozusagen, oder, um im Italien Mussolinis zu bleiben, der Schuß gegen die Loggia ...."[60] (Feuerlicht)
Vordergründig präsentiert sich Cipollas hypnotische Schau als schäbiges Ereignis, als Urlaubsunterhaltung von der billigen Sorte: ein Scharlatan mit Jahrmarktgehabe, der billige Zigaretten raucht, auf offener Bühne überreichlich dem Alkohol zuspricht, kleinlichen Krüppel-Haß versprüht, seine Effekte auf Kosten anderer erzielt und vor der

54) Stresau, Thomas Mann und sein Werk , S. 201
55) Lukacs, Thomas Mann, S. 193
56) Mayer, Thomas Mann. Werk und Entwicklung, S. 191
57) Diersen, Thomas Mann. Episches Werk. Weltanschauung. Leben, S. 214
58) Hilscher, Thomas Mann. Sein Leben und Werk, S. 83
59) Zimmermann, Deutsche Prosadichtungen unseres Jahrhunderts, Bd. 1, S. 297
60) Feuerlicht, Thomas Mann und die Grenzen des Ich, S. 115

Intimsphäre der Besucher nicht haltmacht, sofern sie sich zur aus der sozialen Unterschicht rekrutieren.

Eigentlich könnte der Abend im „privaten Reisebericht" unter den Nebendingen rangieren. Auf seltsame Weise konzentrieren sich in dem Gaukler all die abstoßenden, widerwärtigen Störungen, die den Erzähler und seine Familie im Hotel und am Strand um Urlaubsfreude und Erholung gebracht haben: naiver Mißbrauch der Macht, prästierte Würde, Animosität und Empfindlichkeit, patriotische Übertreibungen, überschwengliche Redensarten von der Größe und Würde Italiens, hohles Pathos.

Im Bannkreis dieser Atmosphäre gewinnen auch Banalitäten Hintergründigkeit. Reitpeitsche, Zigarette und Kognakflakon bleiben nicht einfach schlichte Attribute der Scharlatanerie sondern wollen symbolhaft gedeutet sein als Signale für Diktatorisches und Rauschhaftes im Faschismus.

Das Publikum, zufällig zusammengewürfelt von urlaubsortstypischer Abendunterhaltung, ist zwar offenkundig die unerläßliche Personalstaffage. Aber es bildet auch eine Art Mikrokosmos des frühfaschistischen Italien ab und bringt überdies das europäische Element ins Spiel mit englischen, deutschen, französischen und rümänischen Sprachlauten. Für die Repräsentanz der Führungsschicht steht die Erwähnung des Duce-Bruders, Gäste des Grand-Hotels und der besseren Pensionen verkörpern gehobenes, der rechnende Ladenjüngling und die Angiolieris neben anonym bleibenden anderen das weniger gehobene Bürgertum. In der „populären Sphäre" der Fischerburschen, Kellner und Bootsvermieter rundet Proletarisches das Bild.[61)]

Die soziale Komponente offenbart sich nicht zuletzt auch in den differenzierten Reaktionen des Publikums auf Cipollas Verzauberungen. Zu Beginn seines Auftritts verdeutlichen

---

61) Daß die befreiende Tat von einem Angehörigen der „populären Sphäre" ausgeht, wird von marxistischen Interpreten wie Diersen, Hilscher oder Lukacs im Sinne der Klassenlehre hervorhebend gewürdigt.

einige nebensächlich wirkende Details unterschiedliche Grade der Verführbarkeit. Die jungen Leute auf den Stehplätzen richten „bohrende, nach einer Blöße spähende Blicke“ auf den Hypnotiseur, indessen Bürgersleute auf den Sitzplätzen die „Humbugschärpe“ Cipollas als „Abzeichen des Cavaliere“ deuten.

Später wird ihm echte Opposition ausschließlich von der „populären Sphäre“ zuteil, während Helfer aus dem Bürgerbereich seiner Vorstellung von Höhepunkt voranhelfen - auch der oppositionswillige Römer - bis hin zur Tanzorgie, die Cipolla auf dem Gipfel seines Erfolgs sieht.

„Auch Thomas Mann sitzt im Saal, wo sich die sogenannte Zauberveranstaltung abspielt. Sein Verhalten, sein Widerstand und Nichtwiderstand sind entscheidend für die Gesamtdeutung der Vorgänge. Wie sich der Dichter mitten im Inflationsgetriebe als typischen Ausdruck von Verhältnissen gezeichnet hatte, bei aller unbestreitbaren Individualität, so läßt er auch diesmal keinen Zweifel darüber, daß die ‚Unordnung‘, die der faschistische Experimentator auf seiner Abendveranstaltung anrichtet, gesellschaftlich bedeutsamen Charakter besitzt - nicht zuletzt durch die Reaktion des Erzählers auf diese Vorgänge“.[62)]

Es entspricht dem engagierten Charakter der Mario-Erzählung, „daß alle Auskünfte und theoretischen Darlegungen des Erzählers über die äußeren und inneren Kräfte des Magiers darauf abzielen, den ‚zweideutig-unsauberen und unentwirrbaren Charakter‘ der faschistischen Diktatur und ihrer die Masse teils betäubenden, teils aufpeitschenden, in jedem Falle Vernunft und Gewissen abtötenden Ideologien und Praktiken bloßzulegen“.[63)] Trotz überaus kritischer Begleitung des Dargebotenen, die überwiegend zum Angeekeltsein tendiert und nur selten sich zu widerwilliger Anerkennung von Handwerklichem bereitfindet, läßt sich doch die Wirkung einer gewissen Faszination der „Nichtgeheuerlichkeit“ auf den Erzähler kaum übersehen. So ver-

---

62) Mayer, Thomas Mann. Werk und Entwicklung, S. 186
63) Zimmermann, Deutsche Prosadichtungen, S. 296

weilt die Familie am Ort des Geschehens, obwohl für die Kinder dort nicht gut sein ist, aber: „Es war nun schon alles einerlei".

Man befindet sich hier gewissermaßen modellhaft am Anfang desjenigen Pfades, der unzählige Deutsche in die Mitläuferschaft geführt hat, weil die Gefahren der faschistischen Verzauberung unmerklich von ihrem schillernden Reiz überdeckt worden sind. Auch im Verhalten des Erzählers offenbart sich so ein Element der Antizipation, der politischen Vorausahnung.

André Banuls Bemerkung zum ‚Untertan', erst die Hitlerzeit habe daraus eine Prophetie werden lassen, darf sinngemäß für die Symbolik der Cipolla-Gestalt übernommen werden. Wenngleich der Verzauberer en miniature vollbringt, worum sich Mussolini im Großen bemühte, „bedeutet Cipolla nicht Mussolini" (Lukacs).

Im Einklang mit Thomas Mann eigener Bekundung von 1932 „nur mit einem kleinen Teil ihres Wesens" sei die Mario-Erzählung im Politischen beheimatet, läßt sich der ursprüngliche Vorrang von Problemen des Künstlertums und solchen der Ethik gerade in der Zauberer-Figur aufspüren: „Die Cipolla-Gestalt steht mit einem Teil ihres Wesens in der Tradition des Frühwerks. Es finden sich - freilich wie von einem Zerrspiel verändert - Grundzüge der frühen Novellenhelden: die körperliche Behinderung, das Anderssein als die Masse, die Ausübung eines (klein-) künstlerischen Berufes; die Selbstaufpeitschung mit Alkohol und Nikotin, um bis an die Leistungsgrenze vorzudringen, bietet gewissermaßen das Bild eines ‚Moralisten der Haltung' mit umgekehrtem Vorzeichen."[64] spielt Paintner auf die Gestalt des Gustav von Aschenbauch an. Hilscher deutet die Cipollaschen Absonderlichkeiten als eine personifizierte Karikatur auf Nietzsches ‚Übermenschen'-Philosophie und vermeint im übrigen, Spuren von Wagners Einfluß zu erkennen: „Es ging ihm (Th. M.) darum, in Cipolla

64) Paintner, Erläuterungen ..., S. 72

die Entartung jenes Künstlertyps zu zeigen, der ihm durch Richard Wagner zum Erlebnis geworden war".[65]
Zimmermann schließlich rückt das Künstlertum Cipollas in eine Reihe mit der „tief zweideutigen, tief anrüchigen" Künstlerschaft Tonio Krögers, mit der „zweifelhaften Tätigkeit" eines Detlev Spinell und mit den Hang Gustav von Aschenbachs zu „organistischer Auflösung" und wertet: „Das ‚Außermenschliche und Unmenschliche' des Künstlers hat sich in Cipolla gleichsam verselbständigt; in jenem ‚seltsam fernen und unbeteiligten Verhältnis' zum Menschlichen spielt er - wie Felix Krull nacheinander verschiedene Rollen spielt, mit denen er sich freilich völlig identifiziert - die Rolle des selbstgefälligen Cavaliere, des engagierten Patrioten, des pseudowissenschaftlichen Experimentators, des galanten Beschwörers und der schmachtenden Kokotte. In ‚Gereiztheit' - oder in der Sprache der ‚Mario'-Novelle in ‚reizbarer Würde' und in ‚kalter Ekstase' spielt er aber auch mit dem Publikum und schlägt es in seinen Bann .... Unverkennbar ist die Verwandtschaft zwischen dem Stil des Erzählers und der rhetorischen Kunst des Illusionista, die von den gängigen Redensarten eines marktschreierischen Possenreißers ebenso weit entfernt ist wie von dem phrasenhaften Stil der Propaganda, ganz zu schweigen von der barbarischen Vergewaltigung der Sprache durch die Diktatoren des 20. Jahrhunderts. Cipolla liebt die preziöse Wendung, das geistreiche Wortspiel, die ironische Anspielung und Untertreibung. Er beherrscht die rhetorischen Figuren, und er versteht es, ‚in immer fließender Rede' auch schwierige Situationen zu meistern und schwierige Sachverhalte, wie das Verhältnis von Wille und Freiheit und Wille und Gehorsam, im dialektischen Spiel der Worte so zu verwirren und zu verdrehen, daß jeder Widerstand erlahmt."[66]
Auch die Entwürdigung Marios erlangt in dieser Beleuchtung einen Doppelcharakter. Von der Traditionslinie des

---

65) Hilscher, Thomas Mann, Sein Leben und Werk, S. 90
66) Zimmermann, Deutsche Prosadichtungen ...., S. 302 f.

Frühwerks her hat sie als ein Sieg fragwürdigen Künstlertums über das Leben zu gelten. Im Sinne der „Warnung vor dem diktatorischen Wesen“ zeigt sie den „zynischen Mißbrauch jugendlicher Begeisterungsfähigkeit“ (Zimmermann). Wie von selbst stellt sich in diesem Zusammenhang die Erinnerung ein an jenes weltbekannte Dokumentarfoto, das einen zerstörten Hitler mit Kindern in Uniform zeigt, die im Vorfeld des Führerbunkers als buchstäblich letztes Aufgebot verheizt werden sollen.
Die Traditionslinie des Frühwerks, über die Mario-Novelle hinaus verlängert, führt endlich zu ‚Felix Krull‘, der als Lebenskünstler ein Gaukler war. Folgt man hingegen der politischen Vorwegnahme bis in die historische Konkretheit, gelangt alsbald ‚Reichspropagandaminister‘ Goebbels ins Bild, der als menschenverachtender Gaukler ein Künstler war.
Im Altersroman ‚Doktor Faustus‘ (1947) wird Thomas Mann später Abrechnung halten mit jenen verderbenbringenden Kräften in der Geschichte seines Volkes, die er mit sensiblem Gespür für das Atmosphärische im Zauberer Cipolla figurhaft zur Anschauung bringt.

3.6 Erzählweise des Seismographischen

„Was ‚Mario‘ betrifft, so wird man lieber Thomas Mann selbst glauben, als zeitgenössichen Interpreten. Während er im Jahre 1932 dessen politischen Charakter leugnete, gab er im Jahre 1948 zu, daß er ‚im Lichte unserer Erfahrung‘ hier wie ein ‚Seismograph‘ funktioniert habe (eine der Rollen, die er dem Schriftsteller zuschrieb), indem er der Psychologie des Faschismus und ihrem Einfluß auf die Massen im voraus Gestalt verlieh“.[67)]
Eine Wirkungsabsicht, die gewissermaßen über weit ausgefahrene Antennen für die Signale der Zeit gewonnen wird, kann nicht ohne Einflüsse bleiben auf die erzähleri-

67) Gisselbrecht, in: Werk und Wirkung, S. 95 f.

schen Eigenarten eines Textes. So finden wir in ‚Mario und der Zauberer' jenen Ton, dem ausdrücklich bescheinigt wird, er sei „weder ambivalent noch ironisch, sondern unzweideutig und todernst".[68] finden wir eine Perspektive des Erzählers, die epische Allwissenheit des Erzählers prägt, was das Vorgefallene angeht. Schließlich handelt es sich um Erinnerungen. Aber sie unterliegt auch den Einschränkungen des „seismographisch" Erfühlten, der Vorausahnung.

Welche ungeheure Wegstrecke der Einsichten von der Mario-Antizipation bis zur Faschismus-Analyse im Alterswerk zurückzulegen ist, mögen zwei aus ihrer jeweiligen Entstehungssituation heraus interpretierbare Äußerungen vergegenwärtigen.

1932 kommt es in Königsberg zu nationalsozialistischen Auschreitungen. Thomas Mann nimmt dazu scharf Stellung: „Werden die blutigen Schandtaten von Königsberg den Bewunderern der seelenvollen ‚Bewegung', die sich Nationalsozialismus nennt, sogar den Pastoren, Professoren, Studienräten und Literaten, die ihr schwatzend nachlaufen, endlich die Augen öffnen über die wahre Natur dieser Volkskrankheit, dieses Mischmasch aus Hysterie und vermuffter Romantik, dessen Megaphon-Deutschtum die Karikatur und Verpöbelung alles Deutschen ist?"[69] Am 8. August 1932 stehen diese Zeilen im ‚Berliner Tageblatt'. ‚Was wir verlangen müssen' ist der Artikel überschrieben. Mehr als zehn Jahre später spricht der „Reichsfüher SS" Heinrich Himmler vor ausgewählten Angehörigen seiner schwarzuniformierten Scharen über Fragen der SS-Moral. Schlicht und deutsch heißt es da: „Von Euch werden die meisten wissen, was es heißt, wenn 100 Leichen beisammen liegen, wenn 500 daliegen oder wenn 1000 daliegen. Dies durchgehalten zu haben, und dabei - abgesehen von Ausnahmen menschlicher Schwächen - anständig geblieben zu sein, das hat uns hart gemacht. Dies ist ein niemals

68) Feuerlicht, Thomas Mann und die Grenzen des Ich, S. 115
69) Bürgin/Mayer, Chronik, S. 113

geschriebenes und niemals zu schreibendes Ruhmesblatt unserer Geschichte ....“[70)]
Die „Karikatur“ des früheren Textes ist zur Horror-Realität verkommen.
Man weiß, daß Thomas Manns Engagement gegen den Nationalsozialismus während der frühen Jahre des „Dritten Reichs“ manch einem zu lau scheint. Schon 1932 reimt Brecht in der ‚Ballade von der Billigung der Welt‘ polemisch:

> „Der Dichter gibt uns seinen Zauberberg zu lesen.
> Was er (für Geld) da spricht, ist gut gesprochen!
> Was er (umsonst) verschweigt: Die Wahrheit wär´s gewesen.
> Ich sag: Der Mann ist blind und nicht bestochen“.[71)]

Wenige Tage nach der ‚Machtübernahme‘ durch Hitler begibt sich der so Gescholtene am 11. Februar 1933 zu längst geplanten Vortragszwecken ins Ausland, wo er dann bleibt: „Thomas Mann richtete sich auf ein Leben außerhalb Deutschlands, auf die Emigration, ein. Trotzdem blieb sein Verhalten für die Öffentlichkeit mehrere Jahre zwielichtig. Er vermied jede öffentliche Stellungnahme gegen Nazideutschland und für die antifaschistische Emigration. Sein Beweggrund: Bislang waren seine Bücher in Deutschland nicht verboten, neue Bücher von ihm durften noch erscheinen .... Diesen Zustand trachtete er zu bewahren, es ging ihm darum, „etwas mir herzlich Wichtiges, den Kontakt mit einem innerdeutschen Publikum aufrecht zu erhalten‘ ....“[72)]
Erst 1936 erfolgt hier eine Wende, und Thomas Mann rückt gleichsam ab von der fruchtlosen Haltung des ‚Herrn aus Rom -. Unter vielen Zeugnissen für die Lauterkeit seiner

---

70) Fest, Das Gesicht des Dritten Reiches, S. 162
71) zitiert nach: Fradkin, Bertolt Brecht. Weg und Methode, S. 142 - Zwischen Brecht und Thomas Mann herrschte ein Verhältnis, das beiderseits von Empfindlichkeiten und Aversionen geprägt blieb. Es resultierte wohl vor allem aus Unterschieden der Weltanschauung, des Denkansatzes und konträren Temperamenten.
72) Diersen, Thomas Mann. Episches Werk ..., S. 217

Beweggründe, für das Prinzipielle in seinem antifaschistischen Engagement, steht die Mario-Novelle an hervorhebenswerter Stelle, die sie nicht nur aus diesem Grunde einnimmt.
Wie alle seit 1918 entstandenen Erzählungen findet auch sie ihre Bezugspunkte im Bannkreis der Familie. Diesmal jedoch gehört man nicht zu den Akteuren. In der Rolle des Zuschauers ist man lediglich mittelbar betroffen.
Es bleibt festzuhalten, daß die Idee des Widerstandes gegen den Typus des „Menschen-Bändigers", wie sie schon in der Novelle ‚Beim Propheten' durch Derleth-Daniels „Proklamation" angedeutet wird, hier an zentraler Stelle erscheint.[73)]
Marios Tat, Menschlichkeit durch einen Notwehr-Schuß herzustellen, dem juristischer Sachverstand diese Qualifikation freilich vorenthalten müßte, ist das erste Beispiel eines Mordes im Werk Thomas Manns, der kein Selbstmord ist.
Die ‚unerhörte Begebenheit' (Goethe, 1827), bei Gottfried Keller meist mit dem Charakter des Heiter-Komischen ausgestattet, bei Theodor Storm nicht selten wehmütig-tragisch, zeigt sich in der Mario-Novelle lähmend und grotesk. Sie vertieft so den gesellschaftskritsichen Akzent des Genres über Storm und Keller hinaus und deutet die bürgerliche Ohnmacht gegenüber der heraufziehenden Barbarei an.
Endlich gilt es, als hervorhebenswert auch zu vermerken, daß ‚Mario und der Zauberer' unter den Ich-Novellen Thomas Manns diejenige ist mit dem höchsten Grad der Identifizierung zwischen Autor und Erzähler: „Der Familienvater und Erzähler ist in keiner Weise zurückhaltend. Er gebraucht Wendungen wie ‚ich persönlich gestehe', und er beschließt die Novelle mit einem solchen Geständnis: ‚Und ein befreiendes Ende dennoch - ich konnte und kann nicht umhin, es so zu empfinden!' In diesem letzten Satz verschmelzen die - zunächst zeitlich voneinander getrennten

73) vgl. Gisselbrecht, in: Weg und Methode, S. 98 f.

- Personen des in Torre weilenden Vaters und des nach der Rückkehr die Feder führenden Erzählers zu ein und demselben Ich: In dem ‚konnte und kann' ... wird der Zeitunterschied aufgehoben".[74)]

Der private Ton des Erzählten wird maßgeblich von eben dieser Nähe zwischen Autor und Erzähler hervorgebracht, wie ein Blick auf die Bauelemente der Erzählung und auf ihre Anordnung deutlich werden läßt.

Der einleitende Abschnitt von fünfzehn Druckzeilen kennzeichnet vorausverweisend die atmosphärisch unangenehme Grundstimmung, kündigt die mitzuteilende Katastrophe an und verdeutlicht die Erzählperspektive. Erzählt wird in monologischer Rückschau aus der Sicht eines anonymen Ich-Erzählers, der sich hier noch nicht eindeutig als Familienvater zu erkennen gibt. Seine Namenlosigkeit ist, ebenso wie die der übrigen Familienmitglieder, keineswegs das Ergebnis beabsichtigten Zurückhaltens von Informationen. Vielmehr wird schlicht „vorausgesetzt, daß der Leser dem Erzähler so vertraut ist wie ein guter Bekannter, dem man eben einen Ferienbericht zukommen läßt".[75)]

Bei näherem Hinsehen kaschiert der private Ton den meisterhaft-konsequent auf stetigen Spannungsanstieg zielenden Bau und das ausgefeilte motivische Beziehungsgeflecht einer Erzählung von Rang.

Die folgende, weit ausholende Einleitung beginnt mit Unterrichtungen, die einem Reiseprospekt entstammen könnten: über Lage, Gepräge, Fremdenverkehr und Beherbergungswesen des Urlaubsortes Torre. Ratschläge schließen sich an für Leute, die eventuell auch dorthin reisen könnten. Die richtige Reisezeit wird empfohlen und detailliert begründet. Dann erst kommt die Familie ins Spiel. Von nun an fällt den Kindern des Erzählers eine Art Katalysator-Funktion zu. Deren Handlungen und Wünsche nämlich bringen Reaktionen zur Anschauung, welche die verdorbe-

74) Thieberger, Persönliches Engagement ..., in: Weg und Methode, S. 204
75) Paintner, Erläuterungen ...., S. 70

ne Atmosphäre des gesellschaftlichen Zustandes unverhüllt denunzieren: Der Kinderwunsch, in der buntbeleuchteten Veranda zu essen, führt zur hotelseitigen Platzverweigerung. Nächtliches Kinderhusten provoziert hochadelige Intervention. Chauvinistische Kundgebungen vergiften das kindliche Strandspiel. Die Nacktheit der Achtjährigen reizt auf zu patriotischem Schmierentheater. Endlich sorgen Kinderwünsche für Besuch und Verweilen in Cipollas Hypnose-Schau. Die Ankündigung des Zauberers nimmt breiten Raum ein. Plakat, Lokal, Publikum und Saalatmosphäre werden in Ausführlichkeit vorgestellt, gefolgt von einer nicht minder ausführlichen direkten Charakterisierung.

In bemerkenswerter Parallele zu seiner Zauberer-Figur und deren verzögertem Auftreten stellt Thomas Mann das langsame Enthüllen der Handlungsumstände in den Dienst der Spannungssteigerung. Die Vorstellung selbst erreicht über die Giovanotto angehexte Kolik und einige arithmetisch-spannungslose Halbmogeleien ihren ersten Höhepunkt, wenn der Gaukler die Verbindung zwischen Frau Angiolieri und Eleonore Duse, vorgeblich unter äußerster Willensanspannung, entdeckt und geschickt ausspielt. Dies stellt für den zweiten Teil eine „Steigerung der Effekte" in Aussicht.

Thomas Mann bedient sich einer Technik des Erzählens, die jeweils beim Erreichen des Gipfelpunktes einer Phase ansteigender Spannung schon mit dem nächsten Höhepunkt lockt. Zimmermann spricht in diesem Zusammenhang vom „Gesetz einer stufenförmigen Steigerung".[76)]

Der zweite Teil der Veranstaltung führt nach der Pause, noch strenger dieser Erzähltechnik unterworfen, über verschiedene hypnotische Experimente zum vorläufigen Höhepunkt, der „trunkene(n) Auflösung der kritische(n) Widerstände" im Tanz der Zuschauergruppe, um sich schließlich noch zur Demütigung Marios zu überhöhen. Gleichsam im Sinne einer optisch wahrnehmbaren Symbolmar-

---

76) Zimmermann, Deutsche Prosadichter ...., S. 284

kierung eröffnet diese Szene damit, daß Cipolla den faschistischen Gruß zelebriert. Sie endet in der Rebellion des Entwürdigten. so befreit die ‚unerhörte Begebenheit' im buchstäblichen Sinne auf der letzten Novellenseite vom Druck der bis dahin ständig aufsteigenden Spannung: „Der Schluß löst den Bann der Massensuggestion. Die individuelle Mordtat ist hier Befreiung von einem unmenschlichen Kollektivismus, wie er - überträgt man das symbolische Geschehen ins Politische - in zunehmender Weise den faschistischen, italienischen Staat zu prägen begonnen hatte und als drohendes, künftiges Schicksal auch vor dem Volk Thomas Manns stand. Von hier aus wird die Funktion des breiten Einleitungsteiles der Novelle deutlich: eben das Ausmalen eines perspektivisch bedrohlichen Gesellschaftszustandes".[77)]

Es findet sich eine gewisse Anzahl reflektierender Einsprengsel in der Erzählung, die meist nur aus einem einzigen Satz bestehen. Sie sind eingebettet in die Darstellung der Handlungsablaufes, lösen sich aber in verschiedenen Graden der Verallgemeinerung davon ab, Überzeugungen des Erzählers artikulierend zu Gegenständen wie: Sprachbegeisterung der Südländer (732), Publikumsreaktionen (736), Taktgefühl südlicher Menschen (739), Leserreaktionen (747), Mitleidsbereitschaft des Publikums (751), die Wirkung einer negativen Kampfposition (756). Hinsichtlich ihres Umfangs und des höheren Grades der Ablösung vom Handlungsgang treten abstrahierende Passagen zur Problematik der Willensfreiheit (742) und zur Dialektik von Befehlen und Gehorchen (747 f.) in den Vordergrund.

Erweist sich der erste als zentraler Punkt eines durch die gesamte Novelle geflochtenen Beziehungsnetzes, in dem der Wille als Symbol für humanen Widerstand gegen die Barbarei gilt - nicht von ungefähr sind die Aktivitäten des Verzauberers auf „Willensentziehung und -aufnötigung" gerichtet - parodiert die nächste Passage Grundthesen

77) Paintner, Erläuterungen, S. 73 f.

des faschistischen Führerstaates, die nach 1933 in Deutschland ihren Ausdruck in dem markigen Polit-Slogan gefunden haben: „Ein Volk, ein Reich, ein Führer!".
Georg Lukacs charakterisiert diese Staatsform: Da nun das ganze ‚Dritte Reich' auf einer Hierarchie von Führer und Gefolgschaft aufgebaut ist, da diese Struktur sich vom Blockwart bis zum Reichskanzler erstreckt, kann die zynische Hitlersche Methode mit ihrer Mischung von Korruption und Brutalisierung die breitesten Schichten des deutschen Volkes moralisch verderben. Sie stellt sie vor die Wahl, ab sie korrupte Henker oder Objekte der Tortur werden wollen ....[78)]
Dem Faschismus in der Gestalt eines demagogischen Illusionisten Anschauung verliehen zu haben, muß „im Lichte unserer Erfahrungen" als ein glücklich-zeitgerechter poetischer Schöpfungsakt Thomas Manns gelten. Liefert doch Hitler selbst in ‚Mein Kampf' das Schlüsselwort für solches Verständnis, wenn er als Ziel nationalsozialistischer Propaganda und Agitation nennt: „... die Beeinträchtigung der Willensfreiheit der Menschen".[79)]
So sehr ‚Mario und der Zauberer' als literarisches Seismogramm der Zeitkräfte überzeugt, darf das doch den Blick nicht verstellen für jene Werkaspekte, welche die thematische Verwandtschaft zu ‚Tristan' und in gewissem Sinne auch zum ‚Kleinen Herrn Friedemann' begründen, wie mit einer abrundenden Wertung Werner Zimmermanns zusammenfassend unterstrichen werden soll: „Mit der Gestalt des Zauberkünstlers Cipolla liefert die Novelle aber auch über ihren politischen Gehalt hinaus einen ganz spezifischen Beitrag zur Gestaltung des zentralen Themas der Erzählkunst Thomas Manns: der Problematik der künstlerischen Existenz. Als ‚Künstlernovelle' steht sie genau in der Mitte zwischen ‚Tonio Kröger' und dem eben genannten Altersroman, dessen Held der geniale Tonkünstler Adrian Leverkühn, in unmittelbare Nähe des alt-

78) Lukacs, Die Zerstörung der Vernunft, S. 594
79) Hitler, Mein Kampf. Band II, S. 183

deutschen Zauberers und Schwarzkünstlers rückt, der dem Buch den Titel gab.
So stellt sich uns am Ende die zunächst so ‚privat' und ‚feuilletonisch' anmutende Erzählung als ein mehrschichtiges Gefüge dar, in dem der persönliche Reisebericht ebenso wie die novellistische Darstellung einer ‚sich ereigneten unerhörten Begebenheit', die satirische warnende Kennzeichnung einer weltweiten politischen Gefahr wie die tragikomische Gestaltung des Künstlertums als einer spezifischen Erscheinungsform der dämonischen Natur des Menschen zu einem unauflöslichen Ganzen integriert erscheinen".[80)]

80) Zimmermann, Deutsche Prosadichter ...., S. 288

4. Die Novelle im Unterricht

Im Parallelband der Reihe ANALYSEN UND REFLEXIONEN (Bd. 55) haben wir einige grundsätzliche Hinweise zur Unterrichtsarbeit mit Novellen, speziell zu „Tonio Kröger“ und „Der Tod in Venedig“ von Thomas Mann gegeben. Wir wiederholen die Hinweise an dieser Stelle nicht ausführlich, möchten jedoch einige Gedanken dazu ins Bewußtsein dessen zurückrufen, der sich auf die unterrichtliche Behandlung mit der auf den zurückliegenden Seiten behandelten Novelle einlassen will:[81)]

- Die Schwierigkeit für den Unterrichtenden, die Jugendlichen angesichts der Übermacht moderner Bild-und Kommunikationsmedien zum Lesen umfangreicher Texte zu bringen (psychologischer Aspekt).
- Das Problem der Textauswahl (didaktisches Problem).
- Das Problem der Vermittlung (methodisch-organisatorisches Problem).

***

Wir raten von jeder isolierten unterrichtlichen Arbeit an und mit der Novelle ‚Mario und der Zauberer“ ab. Sofern vorgesehen, sollte dies nicht vor der Klasse 11/2 erfolgen, dort jedoch in einem bewußt streng methoden-orientierten Zugang. Ein solches Vorgehen sähe sich legitimiert durch den Anspruch der ‚Sicherung von Methodenkompetenz‘ im Literaturunterricht.[82)]

***

Eine vor allem im Hinblick auf die Emanzipation der Lerngruppe im Sinne des eigenständigen Lernens bereichernde Variante böte eine Unterrichtsreihe, in der alle drei

81) vgl. Hans Gehrke/Martin Thunich, Thomas Mann: Tonio Kröger/ Der Tod in Venedig, S. 88 ff.

82) Zurecht als eines der bedeutenden Ziele des Literaturunterrichts auf der gymnasialen Oberstufe immer wieder betont; es ist jedoch keineswegs das einzige.

Novellen Thomas Manns unter das zentrale Thema ‚Künstlerproblematik' gestellt würden.[83]

***

Hingewiesen sei auch auf den (im Band 55) angesprochenen epochenüberschreitenden Ansatz eines Vergleichs der Künstlerthematik in Thomas Manns „Mario und der Zauberer" und in einem Werk Goethes.[84]

***

Wir sehen uns allerdings herausgefordert, das in der Novelle thematisierte Faschismus - Problem in den Mittelpunkt eines Unterrichtsvorschlags zu rücken, der sich- im Kontext von Überlegungen zur Vermittlung- den Ansätzen eines eher handlungs-, wenn nicht projektorientierten Literaturunterrichts nahe und verpflichtet weiß.[85]
Ohne die Aspekte von Planung und Realisation eines solchen Ansatzes im Einzelnen durchzuspielen, seien die charakteristischen Stationen in einem Stationenbild angemerkt:

Lektüre der Novelle als Voraussetzungsleistung der gesamten Lerngruppe

▼

Eindrücke nach der Lektüre:
„künstlerische Darstellung geschichtlicher Realität"

▼

Ermittlung der Interessenlage unter dem Stichwort „eigenständiger, schöpferischer Textarbeit"

▼

unterschiedliche Präsentationsweisen in Text, Bild, Ton in Rahmen einer schulinternen Veranstaltung:

---

83) vgl. Hans Gehrke/Martin Thunich, S. 91
84) ebenda, S. 91
85) vgl. den systematischen Katalog von Formen produktionsorientierten Umgangs mit literarischen Texten bei: Karl Schuster, Einführung in die Fachdidaktik Deutsch, S. 118 ff. - Schuster bezieht sich auf G. Waldmann, ferner auf G. Haas, W. Menzel, K.H. Spinner u.a., die im Wesentlichen die „Selbsttätigkeit" des Lernenden im Blick haben. Dabei kommt es ihnen darauf an, auch den nicht-analytischen Begabungen das Interesse und Erfolge am / im Literaturunterricht zu sichern.

- Einweisung des Publikums durch eine knappe Situationsskizze zum Hintergrund der Novelle; kurze Inhaltsangabe der Novelle
- Vortrag markanter Textstellen „Cipolla“ unterbrochen durch pantomimische Darstellungen
- Faschismus in Italien/Deutschland 1929 - 1939 in Bildern und Texten (Verbindung zum Geschichts-Politik-Kunstunterricht)
- Stelldichein der Magier (Taschenspielertricks: ältere Schülerinnen und Schüler ‚zaubern‘ für jüngere als ‚Rahmenprogramm‘).

Realisation dieses Vorhabens in einem 10. Schuljahr. Zeitlicher Rahmen (ohne häusliche Lektüre) zur Vorbereitung/Organisation: ca. 3 Wochen.

Was hier nach wenig leistungsorientierter Spielerei aussieht, stellt in Wirklichkeit beachtliche Anforderungen an verschiedene Kompetenzen des jugendlichen Lerners, freilich nicht - und dies in begründeter Absicht - an alle dieselben. Wem das zu unseriös ist für ‚seinen‘ Literaturunterricht, der sei verwiesen an die Vordenker eines Lernens mit „Kopf, Herz und Hand“, die seit gut 10 Jahren gegen das ‚verkopfte Lernen‘ zu Felde ziehen, um den ganzen Menschen im Menschen anzusprechen - auch die Lehrer.[86)]

86) Dieser Terminus mag inzwischen abgedroschen klingen; für uns hat er nichts von seiner Aktualität verloren. Im Gegenteil: durch Prozesse ähnlicher Art in vielen außerschulischen Lern-und Lebensbereichen sehen wir uns in unseren Überlegungen bestätigt.

5. Literaturhinweise

Mann, Thomas: Gesammelte Werke in zwölf Bänden
- Frankfurt am Main 1960
- Berlin und Weimar 1965

darin: (Zitatquelle)
Neunter Band. Erzählungen.
‚Der kleine Herr Friedemann'
‚Tristan'
‚**Mario und der Zauberer**'

Gesammelte Werke in dreizehn Bänden
Frankfurt am Main 1974 (2. Aufl.)
darin:
- Band VIII. Erzählungen. Fiorenza. Dichtungen

Aufsätze. Reden. Essays
- Band I. 1893 - 1913
- Band II. 1914 - 1918

Berlin und Weimar 1983

Mann, Erika: Thomas Manns Briefe 1889 - 1936.
Frankfurt am Main 1961

***

Brandt, Helmut/Kaufmann, Hans (Hg.)
Werk und Wirkung Thomas Manns in unserer Epoche. Ein internationaler Dialog
Berlin und Weimar 1978
darin:
André Gisselbrecht, Essay und Roman bei Thomas Mann
- Richard Thieberger, Persönliches Engagement und epische Distanz in Thomas Manns Novellen.
- Dieter Wuckel, ‚Mario und der Zauberer' in der zeitgenössischen Presseresonanz.

Bürgin, Hans/Mayer, Hans-Otto: Thomas Mann. Eine Chronik seines Lebens.
Frankfurt am Main 1974

Diersen, Inge - Thomas Mann. Episches Werk. Weltanschauung. Leben.
Berlin und Weimar 1979
Fest, Joachim: Die unwissenden Magier. Über Thomas und Heinrich Mann. Frankfurt am Main 1993
Hansen, Volkmar: Thomas Mann.
Stuttgart 1985 (Sammlung Metzler)
Hilscher, Eberhard: - Thomas Mann. Sein Leben und Werk.
Berlin 1971
Kurzke, Hermann: Thomas Mann. Epoche-Werk-Wirkung.
München 1985 (Beck´sche Elementarbücher)
Lukacs, Georg: - Thomas Mann.
Berlin 1957 (5. Auflage)
Mayer, Hans: Thomas Mann. Werk und Entwicklung.
Berlin 1950
Prater, Donald: Thomas Mann. Deutscher und Weltbürger.
Eine Biographie.
München 1995
Schröter, Klaus: Thomas Mann in Selbstzeugnissen und Bilddokumenten.
Hamburg 1964; neu Reinbek bei Hamburg 1995
Schröter, Klaus: Thomas Mann.
Reinbek bei Hamburg 1995
Sinn und Form: Sonderheft Thomas Mann.
Berlin 1965
Stresau, Hermann: Thomas Mann und sein Werk.
Frankfurt am Main 1963

***

Bauer, Arnold: Thomas Mann und die Krise der bürgerlichen Kultur.
Berlin 1946
Baumgart, Reinhard: Das Ironische und die Ironie in den Werken Thomas Manns.
München 1966

Der Spiegel
- Nr. 36/1979
- Nr. 13/1980
- Nr. 39/1985
Verlagsort: Hamburg
Diersen, Inge - Untersuchungen zu Thomas Mann.
Berlin 1959
Feuerlicht, Ignace: Thomas Mann und die Grenzen des Ich
Heidelberg 1966
Hilscher, Eberhard: - Poetische Weltbilder.
Berlin 1977
Ulrich Karthaus: Thomas Mann.
Stuttgart 1994 (Reclam: Literaturwissen in Schule und Studium)
X Lukacs, Georg: - Die Zerstörung der Vernunft.
Berlin und Weimar 1984 (3. Aufl.)
Madl, Antal: Thomas Manns Humanismus.
Berlin 1980
Martini, Fritz: Das Wagnis der Sprache.
Stuttgart 1954
Matter, Harry u.a.: Das erzählerische Werk Thomas Manns.
Entstehungsgeschichte. Quellen. Wirkung.
Berlin und Weimar 1976
darin:
- Ulla Fix, Der Erwählte
- Klaus Hermsdorf, Bekenntnisse des Hochstaplers Felix Krull.
- Harry Matter, Die Erzählungen.
Rilla, Paul: Literatur. Kritik und Polemik.
Berlin 1950
Sautermeister, Gert: Thomas Mann. Mario und der Zauberer.
München 1981
Scherrer, Paul/Wysling, Hans: Quellenkritische Studien zum Werk Thomas Manns.
Thomas-Mann-Studien. Erster Band.
Bern und München 1967

Vaget, Hans-Rudolf: Kommentar zu sämtlichen Erzählungen.
München 1984

Wysling, Hans: Dokumente und Untersuchungen. Beiträge zur Thomas-Mann-Forschung. Thomas-Mann-Studien. Dritter Band.
Bern und München 1974

Wysling, Hans/Schmidlin, Ivonne (Hg.): Bild und Text bei Thomas Mann. Eine Dokumentation.
Bern und München 1975

Zimmermann, Werner: Deutsche Prosadichtungen unseres Jahrhunderts.
Interpretationen für Lehrende und Lernende. Band 1.
Düsseldorf 1966

***

Gehrke, Hans/Thunich, Martin: Thomas Mann. Tonio Kröger. Der Tod in Venedig. Interpretation und unterrichtspraktische Vorschläge. Analysen und Reflexionen. Band 55.
Hollfeld 1985

Paintner, Peter: - Erläuterungen zu Thomas Mann: Der Tod in Venedig. Der kleine Herr Friedemann und andere frühe Texte.
Hollfeld 1983
- Erläuterungen zu Thomas Mann: Tristan. Tonio Kröger.
Mario und der Zauberer.
Hollfeld 1984
- Erläuterungen zu Heinrich Mann: Der Untertan.
Hollfeld 1985

Rosebrock, Theo: Erläuterungen zu Thomas Mann: Buddenbrooks.
Hollfeld 1980 (8. erweiterte Aufl.)

***

Banuls, André: Heinrich Mann. Reihe, Sprache und Literatur 62.
Stuttgart u.a. 1970
Fradkin, Ilja: Bertold Brecht. Weg und Methode.
Leipzig 1974
Pourtalès, Guy de: Richard Wagner. Mensch und Meister.
Berlin 1933

***

Beyersdorf, Peter: Zur Geschichte des 3. Reiches. Analysen und Reflexionen. Band 6.
Hollfeld 1974
Fest, Joachim C.: Das Gesicht des Dritten Reiches.
München 1963
Geißler, Gerhard (Hg.): Europäische Dokumente aus fünf Jahrhunderten.
Leipzig 1939
Heiber, Helmut (Hg.): Goebbels Reden I.
Düsseldorf 1972
Hitler, Adolf: Mein Kampf. Volksausgabe. Band II.
München 1934
Marx, Karl/Engels, Friedrich: Über Kunst und Literatur. Eine Sammlung aus ihren Schriften.
Berlin 1953
Parker, R.A.C.: Das Zwanzigste Jahrhundert I. 1918 - 1945. Fischer Weltgeschichte. Band 34
Frankfurt am Main 1967

***

Ecker, Egon: Wie interpretiere ich Novellen und Romane? Methoden und Beispiele.
Hollfeld 1983 u.ö.
Giese, Rüdiger/Floto, Christian: Deutsch. Basisinterpretationen für den Literatur- und Deutschunterricht der Sekundarstufen. Band VI. Romane und Novellen aus dem 20. Jahrhundert.
Hollfeld 1985 u.ö.

Schuster, Karl: Einführung in die Fachdidaktik Deutsch. Baltmannsweiler 5. Aufl. 1995

***